Dr. Atkins
Diät-Kochbuch

von Fran Gare und Helen Monica
in Zusammenarbeit mit Dr. Robert C. Atkins

Goverts

Ins Deutsche übertragen von
Dorothee von Richthofen und
Monika Kruttke

3. Auflage

Mit freundlicher Genehmigung des Verlages Bantam Books, Inc., New York
Die Originalausgabe erschien unter dem Titel
»DR. ATKINS' DIÄT COOK BOOK« bei Crown Publishers, Inc., New York
Umschlagentwurf Mendell + Oberer
unter Verwendung eines Fotos von Studio Teubner, Füssen
Satz Gutfreund & Sohn, Darmstadt
Druck und buchbinderische Verarbeitung: Salzer - Ueberreuter, Wien
Printed in Austria 1977
ISBN 3 7740 0460 9

Inhalt

Einführung von Dr. Robert C. Atkins 7
Appetit-Happen und Imbisse 33
Suppen 55
Eier und Käse 67
Fleisch 81
Geflügel 115
Fische und Schalentiere 133
Pastas oder Beilagen 147
Gemüse 155
Saucen für Fleisch, Geflügel, Fisch, Pasta, Gemüse und
Süßspeisen 175
Salate und Salatsaucen 189
Desserts 215
Getränke 241
Fettarme Rezepte 247
Register 269

Sehr herzlich und voller Aufrichtigkeit danken wir unserem Freund Dr. Robert Atkins für die vielen Anregungen und die gute Zusammenarbeit.
Wir danken Shelley Abend, Frank Cohen, Mort Farber, Ernest Ash, Ted Wolcoff, Len Turken, Judy Klopp, Margie O'Donnell, Henrietta Rhein, Donna Putney, Gertha Bernier, Annie Gaskin, für die Zeit und Hilfe, die sie uns gewährten.
Für Ihre Zuneigung danken wir Corbett Monica und Ivan Gare.
Unseren Kindern Tony, Anita, Julie, Nannette, Corby, Elena Monica und David und Marc Gare für ihre Geduld.

Einführung

von Dr. Robert C. Atkins

In unserer Kultur gelten Übergewichtige als unattraktiv. Und weil sie auch nicht gesund sind, dringen die meisten Ärzte darauf, daß sie abnehmen; doch ist es weniger ihre Gesundheit als der kosmetische Effekt, der die Übergewichtigen veranlaßt, die Ermahnungen zu beachten. Sowohl unsere Kenntnis medizinischer Statistiken als auch eigene Beobachtungen bestätigen die gleiche traurige Geschichte: Wenn übergewichtige Menschen tatsächlich abnehmen, gelingt es ihnen sehr selten, ihr Gewicht zu halten. Mediziner mit Sinn für Wortwitz bezeichnen die meisten Übergewichtigen als Jo-Jos, aber wir können nicht alle Jo-Jos sein. Vielleicht kritisiert man uns lieber, als daß man uns eine brauchbare Antwort auf unser Problem gibt.

Man hat uns eingetrichtert, daß es nur *eine* Methode gebe, unliebsame Pfunde loszuwerden – indem wir den Kaloriengehalt unserer Mahlzeiten reduzieren – ein qualvoller, von Heißhunger begleiteter Leidensweg, der von uns verlangt, daß wir uns zu unserem leiblichen Wohlbefinden bis zum Ende unseres Lebens nicht mehr sattessen. Daß eine Einschränkung der Kalorienzahl die Korpulenz bei vielen Leuten in Grenzen hält, stimmt natürlich, daß sie aber der einzige Weg dahin sei, ist einfach unzutreffend.

Inzwischen haben Millionen Menschen bestimmt selbst erfahren, daß es zu den Hunger- und Verhungerkuren Alternativen gibt. Sie haben erlebt, daß sie durch Weglassen der meisten Kohlehydrate, die ihr Körper nicht richtig verarbeiten (umwandeln) konnte, nicht nur ihr Übergewicht, sondern auch das ständige Hungergefühl verloren haben. Sie verspürten eine

Steigerung der Energie und ein Gefühl zunehmenden körperlichen und seelischen Wohlbefindens, eine Erscheinung, die bei kalorieneinschränkenden Diäten kaum zu beobachten ist.
Ein solches Programm ist zum ersten Mal in allen Einzelheiten in *Dr. Atkins Diät-Revolution* vorgestellt worden. Das Buch wurde ein nationaler Bestseller und zwar aus einem ganz bestimmten Grund: Die Diät funktionierte. Und sie funktionierte besser und anhaltender und mit glücklicheren Ergebnissen als irgendein anderer Diät-Vorschlag, der den Leuten bis dahin angeboten worden war.
Menschen, denen es gelungen war, abzunehmen, tauschten ihre Erfahrungen aus und erzählten einander von ihren Erfolgen. So verbreitete sich der Ruhm der *Diät-Revolution* durch Mundpropaganda an der Basis. Man bestätigte sich gegenseitig, daß man abnahm, während man die reichhaltigen und sättigenden Mahlzeiten aß, die den Rezepten und üppigen Menüplänen meines Buches entnommen waren. Wenn nun aber die *Diät-Revolution* solch ein Erfolg war und die Rezeptvorschläge so brauchbar, wozu dann noch dieses Menü-Kochbuch? Die Antwort lautet, daß diejenigen, die abnehmen wollen, ein praktikables Folgeprogramm brauchen, das über eine begrenzte Anzahl von Rezepten hinausgeht, ein Programm, das davon ausgeht, daß eine Beibehaltung des verminderten Gewichts nur erreicht werden kann, wenn der Diätwillige soviel Anregung und Abwechslung in seinen Diät-Menüs vorfindet, daß er *immer* danach leben möchte.
Es ist eine Tatsache, daß noch zu viele Leute eine Diät lediglich als eine Möglichkeit ansehen, abzunehmen, ein Programm, das man wieder aufgibt, wenn das gewünschte Ziel des Abnehmens erreicht wird. Aber das ist keine wirkliche Diät. Das Wort »Diät« stammt vom lateinischen *diaeta* und dem griechischen *diaita* ab, und es bedeutet »Lebensart« oder »gesunde Lebensweise«; und seine erste Definition in einem Lexikon lautet: »Was ein Mensch oder Tier gewöhnlich ißt und trinkt, tägliche Kost«. Diejenigen, die eine Diät nur als ein Programm zur Gewichtsabnahme betrachten, werden nach wiederholten

schmerzlichen Erfahrungen zwangsläufig einsehen müssen, daß die Aufgabe einer Diät oftmals nicht nur das verlorene Gewicht wieder zurückbringt, sondern auch die Leiden aus der Zeit vor der Diät, die mit jeder Art von Korpulenz verbunden sind. Das trifft ganz besonders auf die am weitesten verbreitete Form der Korpulenz zu, und zwar auf diejenigen, die auf einer Unverträglichkeit der Kohlehydrate beruht. Wenn jemand mit einer Kohlehydrat-Unverträglichkeit seine kohlehydratarme Ernährungsweise wieder aufgibt, wird er schnell wieder Ermüdungserscheinungen, Depressionen und andere Symptome zu spüren bekommen, die charakteristisch für eine Kohlehydrat-Unverträglichkeit sind, und dazu noch seine frühere unliebsame Gewichtszunahme. Was ich verständlich machen möchte, wenn ich von »Diät« spreche, ist, daß ich nicht einen schnellen Gewichtsverlust oder eine Gewaltkur von ein paar Wochen meine. Ich meine damit eine Lebensart, eine gesunde Lebensweise, unsere tägliche Kost.

Gewichtsabnahme hat aber auch eine Konsequenz: die Gewichtskontrolle. Denn Gewichtskontrolle muß – im Unterschied zur schnellen Gewichtsabnahme durch eine Gewaltkur – eine lebenslange Aufgabe sein, nicht ein Zweck an sich oder eine kosmetische Maxime. Wichtig ist sie vor allem in der Hinsicht, daß sie einen Beitrag zur Gesundheit leistet. Deswegen kann sie auch kein Rauf- und Runter-Spiel sein, sie sollte eine Gewohneit im Dienste der Gesundheit sein oder dazu werden. Nach meiner Erfahrung gelingt das am besten, wenn man nicht nur die Kalorien im Auge behält, sondern alle nahrhaften Grundstoffe, Vitamine und Mineralien, die man für seine Gesundheit benötigt. Ich bin der festen Ansicht, daß jede Diät durch zusätzliche Vitamine und Mineralien angereichert werden sollte, nicht wegen der Unzulänglichkeit einer bestimmten Diät, sondern vielmehr wegen der Werte, die aus diesen lebenswichtigen Nährstoffen gewonnen werden. Grundsätzlich empfehle ich *diese* Art zu essen deshalb, damit man sich seiner Gesundheit erfreut, sich wohlfühlt und sein Gewicht niedrig hält, ohne Hunger zu leiden.

Daß man sich nicht hungrig fühlt, ist ein wichtiger Aspekt dieser Diät. Offensichtlich muß eine Diät, um ständigen Anreiz zu bieten, reichhaltig sein und große Auswahlmöglichkeiten gestatten. Viele sind mit einigen einführenden Rezeptvorschlägen nicht zufrieden. Eine Diät, die zur Lebensform wird, muß, um zu befriedigen und zu gelingen, nicht nur nahrhaft, sondern gehaltvoll, flexibel, interessant und sogar üppig sein. Deshalb dieses Buch. Falls ein Kochbuch überhaupt ein Anliegen haben kann – dieses Buch vertritt eines. Der Leitgedanke dieses Buches lautet, eine Diät soll nicht nur ein kurzes Abenteuer, sondern eine lebenslange Gewohnheit sein, nicht eine schmerzliche Erfahrung, sondern ein andauerndes Vergnügen.
Ich kann mir vorstellen, daß viele von Ihnen über meine Behauptung, die weitestverbreitete Form der Korpulenz beruhe auf einer Kohlehydrat-Unverträglichkeit, erstaunt sind. Vielleicht werden Sie so etwas denken wie: »Das ist aber nicht das, was ich gelernt habe. Übergewicht kommt bestimmt nicht von einer Kohlehydrat-Unverträglichkeit. Es kommt davon, daß man zu kalorienreich ißt. Wer zuviel ißt, wird dick. Wer nicht zuviel ißt, der bleibt schlank. Alles, was man tun muß, um abzunehmen, ist, weniger Kalorien zu sich zu nehmen als der Körper verbrennt. Warum sollte unsere Diät deshalb keine Kohlehydrate enthalten, wenn wir sie mögen? Hauptsache, wir schränken die Kalorienmenge ein!«
So dachte man vor der Diät-Revolution, und viele, die ihren praktischen Konsequenzen mißtrauen, denken noch immer so. Es ist völlig zutreffend, daß man dick wird, wenn man jede Art von Nahrungsmitteln mit allen Arten von Kalorien zu sich nimmt, außer wenn man einer derjenigen ist, die wegen ihres Stoffwechsels in die »Ich nehme nicht zu«-Kategorie gehören. Es ist auch zutreffend, daß man abnimmt, wenn man die Kalorienzahl unter die Menge herabsetzt, die der Körper verbraucht. Unglücklicherweise stellen viele Leute aber fest, daß sie trotz quälender Kalorienbeschränkung gar nicht oder, bestenfalls, nur zeitweilig abnehmen. Massive Kalorienbeschränkung ist eine drastische und selbstzerstörerische Maßnahme.

Im allgemeinen ist es nicht möglich, eine stark eingeschränkte Diät über einen längeren Zeitraum freiwillig durchzuhalten. Es ist auch nicht gesund. Hungerkuren haben oft unangenehme Begleiterscheinungen und oft auch unangenehme Folgen. Nein, eine generelle Einschränkung der Kalorienzufuhr als Methode zum Abnehmen darf nicht länger hingenommen werden. Kalorien spielen eine Rolle, gewiß, aber einige Kalorien mehr als andere. Es stimmt, die Dicken essen *zuviel*, aber in den meisten Fällen essen sie *zu viele Kohlehydrate.*

Die Auffassung, daß Übergewicht meist auf unserer Unfähigkeit beruht, mit den Kohlehydraten in unseren Speiseplänen richtig umzugehen, wird durch einige unbestreitbare wissenschaftliche Entdeckungen gestützt. Bei fast allen übergewichtigen Personen ist ein erhöhter Insulin-Spiegel festzustellen, fast jeder zweite hat einen erhöhten Triglycerid-Spiegel, die meisten haben eine Diabetes oder einen zu geringen Blutzuckergehalt. Wenn solche kohlehydratanfälligen Personen eine Kur mit eingeschränkter Kalorienmenge machen, die ihnen aber einen bedeutenden Anteil an Kohlehydraten gestattet, nehmen sie nicht so gut ab wie bei einer Diät, die die Kohlehydrate einschränkt. Für eine Gewichtsbeschränkung ohne gesundheitsschädigende Folgen und ohne das Unpäßlichkeitsgefühl, das durch strenge Kalorienbeschränkung und Hunger hervorgerufen wird, ist die Reduzierung von Kohlehydraten im Essen weitaus besser geeignet, viel annehmbarer, erfolgreicher, angenehmer und dauerhafter.

Das alles bringt mich auf eine traurige Wahrheit zurück, die zwar seit langem bekannt ist, mit der die Diät-Planer aber selten, wenn überhaupt je fertig wurden: Bei einer Diät, die auf einer allgemeinen Kalorienbeschränkung beruht, bleibt man nicht nur hungrig, sondern sie kann auch sehr eintönig sein. Vielleicht haben Sie diese Erfahrung bei früheren Diäten selbst gemacht und erkannt, daß Ihr natürlicher Wunsch nach Abwechslung der Grund für die Wiederzunahme der vorher abgenommenen Pfunde war. Bei einer gutgeplanten Diät mit wenig Kohlehydraten braucht jedoch keine Eintönigkeit aufzutreten.

Wir haben uns den buchstäblich universellen Wunsch nach Gehalt und Vielfalt zu Herzen genommen und beschlossen, weitere Rezepte mit wenig Kohlehydraten von der Art, die meinen Patienten und Lesern zusagte, zusammenzustellen. Es sind Rezepte, die Ihnen, falls nötig, nicht nur helfen, weiter abzunehmen, sondern auch Ihr reduziertes Gewicht zu halten. Denn wenn Sie Ihr Übergewicht schon losgeworden sind, werden Sie sich bestimmt auch weiterhin gern in Form halten und sich gesundheitlich wohlfühlen wollen.
Fran Gare und Helen Monica, die beiden Hausfrauen, die schon die Rezepte für das erste Buch zusammenstellten, haben auch bei dem vorliegenden Werk zusammengearbeitet. Sie haben Jahre gebraucht, um diese einzigartigen Menüs zu entwickeln. Das war eine schwierige Aufgabe wegen des extrem geringen Anteils an Kohlehydraten in jedem Rezept. Damit sollte gewährleistet werden, daß kein Rezept den Erfolg der Diät beeinträchtigt. Und ihr Erfolg beweist, daß eine Diät nicht langweilig sein muß. Ich bin überzeugt, daß sich dieses Buch nicht nur denjenigen, die ihr Leben lang eine Diät einhalten wollen, sondern auch allen anderen wirklich gewichtsbewußten Menschen als eine unschätzbare Hilfe erweisen wird. Denn es liefert jedem das Know-how, der kohlehydratarm leben und sich dennoch einer abwechslungsreichen und üppigen Küche erfreuen möchte. Die folgenden Speisepläne sind so inhalts- und abwechslungsreich, daß auch eine lebenslange Diät durchzuhalten ist, ohne jene Monotonie und Eintönigkeit, die sonst so manche Diät sabotiert. Wenn Sie daran interessiert sind, Ihr Gewicht niedrig zu halten, Sie sich immer wohlfühlen und stets gut essen wollen, dann ist das hier Ihr Kochbuch.
Dieses Buch ist eigentlich kein Diätbuch, sondern ein Kochbuch mit besonderer Betonung der Gewichtserhaltung. Es ist darauf angelegt, diejenigen, die meine Diätrezepte lesen, mit etwas zu versorgen, woran sie sich halten können, wenn sich die Aufregung über die anfängliche Gewichtsabnahme gelegt hat. Allerdings habe ich nicht die Absicht, auf diesen Seiten all jene Prinzipien und Vorschriften des gesamten Diätprogramms aus-

zubreiten, die ausführlich in *Dr. Atkins Diät-Revolution* abgehandelt sind. Wer jenes Buch gelesen hat, wird dieses besser verstehen. Aber wegen meiner neuen Leser, Diätanhänger oder Kochbuchsammler, glaube ich, die Grundlagen meiner Diät noch einmal erklären zu müssen; wie man damit umgehen sollte und warum es dabei um mehr als eine Abnahmediät geht, und was ich unter »Diät-Revolution« verstehe.

Kurz gesagt: Bei dieser Diät müssen Sie nicht auf *Kalorien* achtgeben, sondern auf *Kohlehydrate.* Sie müssen keine *Kalorien zählen* und Sie brauchen nicht einmal *Kohlehydrate* zu zählen, es sei denn, Sie zählen gern. Sie bekommen nämlich *überhaupt keine* Kohlehydrate, bevor Ihnen ein einfacher Test sagt, daß einige wenige für Sie zugelassen sind. Und dann bestimmen Sie selber die Menge, die *für Sie günstig ist.* Dadurch sind Sie nicht an ein starres Diät-System gebunden. Sie verändern es entsprechend Ihrem Fortschritt. Außerdem: Sie essen so viel, daß Sie keinen Hunger haben! Sie werden nicht hungrig sein, und wenn Sie es doch sind, essen Sie mehr; und Sie verlassen nie Ihre »Diät«. Sie passen sie so an, daß Sie, wenn Sie abgenommen haben, Ihr Gewicht halten. Jawohl, Sie werden es halten. Skeptiker behaupten, die Diät wirke, indem sie den Appetit zügle und auf diese Weise die Kalorienaufnahme herabsetze. Das ist aber nur teilweise richtig, weil die meisten Leute feststellen, daß sie, wenn die Kohlehydratzufuhr stark eingeschränkt ist, tatsächlich weniger Kalorien zu sich nehmen. In Wirklichkeit fördert die Diät aber den Stoffwechsel, und viele Diätanhänger können Tausende von Kalorien essen und genießen – allerdings nur die kohlehydratlosen. Zugleich besteht einer der großen Vorzüge der Diät darin, daß sie den Appetit zwar nicht unterdrückt, aber das krankhafte Hungergefühl und die anormale und übertriebene Eßlust zügelt, die bei übergewichtigen Personen zum üblichen Krankheitsbild gehören. Diese Wirkung ist von so dramatischer Tragweite, daß der schlimmsten Art des krankhaft übersteigerten Appetits, nämlich dem Nacht-Hungersyndrom, mit nur drei Worten Einhalt geboten werden kann: »Schluß mit Kohlehydraten!«

Durch sorgfältige persönliche Beobachtungen an zehntausend übergewichtigen Patienten habe ich herausgefunden, daß das Einschränken der Kohlehydrate auf eine Menge, die sich »biologisch gleich Null« nähert, eine der wirksamsten Diäten darstellt, die mir jemals begegnet ist. »Biologisch gleich Null«, müssen Sie wissen, bedeutet »Null in der praktischen Auswirkung«. Mit anderen Worten, »es hat dieselbe Wirkung als wäre es Null«. Eine Anzahl von Lebensmitteln, die wir meistens als kohlehydratfrei ansehen, enthalten in Wirklichkeit ein oder zwei Gramm Kohlehydrate, so daß wir selbst bei der striktesten »Null«-Menge zwangsläufig ungefähr zehn Gramm Kohlehydrate pro Tag zu uns nehmen. Bei dieser Diät nehmen Sie nicht nur ab, indem Sie, logischerweise, Ihre Kohlehydrat-Unverträglichkeit korrigieren, sondern Sie stellen auch eine Steigerung Ihres Wohlbefindens und einen Aufschwung Ihrer Energie fest, die in hohem Maße auf die Reduktion der Kohlehydrate und auf die natürliche biologische Anpassung Ihres Körpers zurückzuführen ist. Nach einer kurzen Eingewöhnung an die extrem geringen Kohlehydratmengen dieser Diät werden Sie gewiß von ihrem Wert überzeugt sein. Sie werden sich gern und begierig der Diät-Revolution anschließen und die Kohlehydratmenge *niedrig* halten. Nicht ständig auf Null, wie Sie feststellen werden, aber so ungefähr.
Um einen Schlüssel zum Verständnis der Wirkung einer fast kohlehydratlosen Diät zu haben, muß man verstehen, welche Rolle die Ketonkörper für den menschlichen Stoffwechsel spielen. Vielleicht haben Sie kritische Stimmen sagen hören, daß Ketonämie (das Wort beschreibt eine Stoffwechselsituation, in der sich Ketonkörper, Abfallprodukte der unvollständigen Fettverbrennung, im Körper befinden) gefährlich ist und vermieden werden muß. Nun sind diese Ketonkörper alles andere als gefährlich. Sie sind lebensnotwendiger Brennstoff für den Stoffwechsel, der eine äußerst bedeutsame Funktion für unseren Körper erfüllt. Mindestens 95 % der Brennstoffe, die wir in unserem Körper haben, besteht in Form von Fettablagerungen, die im allgemeinen als ungesättigte Fettsäuren in die

Blutbahn freigesetzt werden und starke Energiereserven im Körpergewebe darstellen, für das Gehirn und seine lebenswichtigen Funktionen jedoch nicht nutzbar sind. Aber das Gehirn kann diese Ketonkörper in noch größerer Menge gebrauchen als Glukose, den Brennstoff, den es benutzt, wenn Kohlehydrate in der Nahrung enthalten sind.

Also bedeutet eine »Ketonämie« nur, daß Ihr Körper gut funktioniert, weil er wertvolles Brennmaterial für den Stoffwechsel aus genau den Quellen bezieht, die Sie, wenn Sie schlank zu werden versuchen, abbauen wollen: aus den Fetten, die sich in Ihrem Körper abgelagert haben. Das passiert jedoch nur dann, wenn die Kohlehydrat-(Glykogen-)Vorräte in Ihrem Körper niedrig sind, und darum wird die Diät mit praktisch Null Kohlehydraten auch als ketogene Diät bezeichnet.

Ein weiterer Schlüssel zum Verständnis der Wirkungsweise einer Kohlehydrateinschränkung liegt in der Erkenntnis der Rolle, die das Insulin im Körper spielt. Insulin ist ein sehr wertvolles Hormon, weil es die wichtige Aufgabe hat, die Glukose im Blut in die Energie umzuwandeln, die für unsere Lebensfunktionen gebraucht wird. Aber wenn es im Überfluß vorhanden ist – und das ist es immer bei allen stark übergewichtigen Menschen, dann kann es Glukose in Fett umwandeln und – noch schlimmer – es kann den Fettabbau im Körper verhindern, so daß man äußerste Schwierigkeiten hat, überhaupt Gewicht zu verlieren. Darum ist *meine Diät* wie geschaffen dafür, die Insulin-Überproduktion, die Geißel der Übergewichtigen, zu mindern. Aber wie macht *meine Diät* das? Das möchten Sie sicher wissen. Nun, die Zufuhr von Kohlehydraten regt die Insulinproduktion an. Bei den meisten übergewichtigen Menschen, die unter einem gewissen Grad von Kohlehydrat-Unverträglichkeit leiden – also unter einer Störung des Kohlehydrat-Stoffwechsels – stimulieren die eingenommenen Kohlehydrate, unabhängig davon, ob sie unter normalen Stoffwechselbedingungen als übermäßig angesehen würden oder nicht, eine Überproduktion von Insulin. Merken Sie sich die einfachste aller möglichen Erklärungen: Kohlehydrate setzen Insulin frei, welches dann Glukose in Fett umwandelt. Das mag die medizinischen Beckmesser vielleicht nicht befriedigen, aber Sie haben das Entscheidende begriffen.

Traditionelle Theorien, in denen Kalorie gleich Kalorie gleich Kalorie ist, ziehen die Störung des Insulin-Gleichgewichts, die sich bei übergewichtigen Personen zeigt, nicht in Betracht, obgleich wohlbekannt ist, daß Kohlehydrate starke und unmittelbare Ausschüttung von Insulin verursachen. Tradition sollte nicht als Evangelium betrachtet werden. In der Diätforschung ist viel Raum für neue Auffassungen.

Die Wirkung, die eine Diät mit äußerst geringen Kohlehydratmengen bei der Stabilisierung des Insulin-Spiegels und der damit verbundenen Stabilisierung des Blutzucker-Spiegels hat, kann vielleicht eine der wertvollsten Nebenwirkungen für den Abnehmenden zur Folge haben. Ein niedriger Blutzucker-Spiegel – oder genauer gesagt, ein veränderlicher und instabiler Blutzucker-Spiegel – ist meiner Beobachtung nach für die Mehrheit der Menschen unserer modernen Gesellschaft kennzeichnend. Die überwältigende Mehrzahl der Ketogen-Diät-Anhänger vermelden ein gesteigertes Wohlbefinden, das meiner Ansicht nach ein Ergebnis der Stabilisierung des Blutzucker-Spiegels ist, verursacht durch das kohlehydratarme Essen. Fast all meine Patienten und Tausende von Lesern haben mir persönlich bestätigt, daß sie tatsächlich ein Anwachsen ihrer Energie und eine Verbesserung ihrer geistig-seelischen Verfassung verspürt haben, nachdem sie die Kohlehydrate in ihren Mahlzeiten drastisch herabgesetzt hatten.

Dieses Phänomen, bei dem das *Absetzen* der schnellen Energiespender eine *Zunahme* der physischen Energie verursacht, ist meiner Meinung nach auf die Korrektur des zu niedrigen Blutzuckers (Hypoglykämie) zurückzuführen. Vielleicht ist dieser Gedanke leichter zu verstehen, wenn ich hinzufüge, daß schnelle Energie keine dauerhafte Energie ist, und daß der Blutzucker-Spiegel schnell ansteigt und auch schnell absinkt. Somit erleben unzählige Menschen, denen das Problem der Hypoglykämie zu schaffen macht, ein gesteigertes Gefühl des

Wohlbefindens, wenn sie die Kohlehydrate absetzen – jene schnelle Energie erzeugenden Nahrungsmittel, die aber Ermüdung und Mattigkeit zur Folge haben.
Man kann nicht über niedrigen Blutzucker sprechen, ohne auf das Thema »Vitamine« zu kommen.
Es wird immer gesagt, daß es ein überzeugender Beweis für die Unzulänglichkeit einer Ernährungsweise sei, wenn sie zusätzlich Vitamine verlange. Aber das ist naives, ja simplifiziertes Denken. Fast jeder Arzt, der mit Hypoglykämie zu tun hat, stellt in seiner klinischen Praxis bald fest, daß Überdosierungen von Vitaminen im Bereich des B-Komplexes sowie die Vitamine C und E von höchstem klinischen Wert für die Behandlung der verschiedenartigen körperlichen und geistigen Beschwerden sind, die mit einem niedrigen Blutzucker-Spiegel auftreten. Wenn man klar erkennt, daß ein hoher Prozentsatz der übergewichtigen Menschen einen zu niedrigen Blutzukker-Spiegel hat, dann ist es nicht schwer zu begreifen, weshalb der Überdosierung von Vitaminen enorme Bedeutung für die Behandlung übergewichtiger Patienten zukommt. Anfangs, als ich mit dieser Diät zu arbeiten begann, habe ich nur einen normalen Vitamin- und Mineralienzusatz verordnet, aber jahrelange Praxis hat mir die Bedeutung gesteigerter Dosierungen bewiesen, und ich möchte meine Empfehlungen an Sie weitergeben. Von den Vitaminen A und D sollten nicht mehr als die Standardmengen genommen werden, denn sie sind fettlöslich und haben die Eigenschaft, im Körper Vorräte zu bilden (bis zu toxischen Mengen), falls sie im Übermaß eingenommen werden. Aber das gesamte Spektrum des Vitamin B-Komplexes und auch die Vitamine C und E sollten in größeren Dosen zusammen mit Mineralien wie Calzium und Magnesium gereicht werden.*

* Ich empfehle für den Durchschnittspatienten ein starkes Multi-Vitamin-Präparat und eine angemessene Versorgung mit Multi-Mineral-Mitteln, 1500 mg Vitamin C, 800 Einheiten von Vitamin E. Die Dosierung kann nach oben oder nach unten reguliert werden, je nach den Bedürfnissen des einzelnen Patienten und sollte auf ärztlicher Empfehlung basieren. Der B-Komplex hat

Im Rückblick auf meine jahrelange berufliche Praxis kann ich den großen Nutzen des erhöhten Gebrauchs dieser Vitamine und Mineralien ganz genau einschätzen. Ich bin zu der Überzeugung gelangt, daß sie ein integraler Bestandteil nicht nur für das Programm der Diät-Revolution, sondern möglicherweise für jede Diät sind. Ich halte es für wahrscheinlich, daß man bei einer Untersuchung der Eßgewohnheiten in weiten Teilen unseres Landes feststellen würde, daß viele dieser Nährstoffe in unserer täglichen Kost zu kurz kommen, unabhängig davon, ob wir Diät leben oder nicht. Deshalb kann der Befund, daß eine Zugabe dieser Nährstoffe das Wohlbefinden oft meßbar steigert, nicht überraschen. Wenn man mich daher um eine Erklärung für die Tatsache bittet, daß meine Patienten bei dieser Diät eine verbesserte körperliche und geistig-seelische Verfassung aufweisen, während doch frühere Untersuchungen unbedeutende, fragwürdige und manchmal sogar schädliche Folgen der verschiedenen Arten von kohlehydratarmen Diäten anzuzeigen scheinen, so muß ich antworten, daß einer der Gründe dafür die empfohlenen Zusätze sind. Die Wirkung geht Hand in Hand mit den Grundsätzen der Einschränkung der Kohlehydrate und der Stabilisierung des Blutzuckers.

Wenn Sie zwei biologische Grundprinzipien verstanden haben – erstens, daß buchstäblich alle übergewichtigen Personen ein gewisses Maß an Kohlehydrat-Unverträglichkeit aufweisen, und zweitens, daß es einen weiten Spielraum der individuellen biologischen Reaktionen gibt – dann werden Sie schnell die Grundsätze der Diät-Revolution begreifen. Wenn Sie sich das gleichnamige Buch anschauen, in dem ich meinen kompletten Spielplan für die Dauerhaftigkeit der Gewichtsabnahme vorgestellt habe, dann werden Sie eine einfache Methode kennenlernen, durch die Sie selbst Ihre kritische Kohlehydrat-Schwelle (KKS) bestimmen können – jene Schwelle oder die Menge an Kohlehydraten, unter der Sie bleiben müssen, um die Dauer-

sich von großem Wert für viele Leute erwiesen, die gewisse Ermüdungserscheinungen zeigen, und ich verabreiche gern zwei bis dreimal täglich eine Dosis, die 50mg aller Untergruppen enthält.

haftigkeit der Gewichtsabnahme, stabile Gesundheit, chemisch-biologische Besserung und spürbar gesteigertes Wohlbefinden zu erreichen. Mit dieser Erkenntnis können Sie die Diät auf Ihre eigene Stoffwechsel-Situation zuschneiden und sie Ihren Eßgewohnheiten und Ihrem Lebensstil anpassen.
Sie haben sicherlich bemerkt, daß es einen Unterschied gibt zwischen der »kritischen Kohlehydrat-Schwelle« und der »Null-Kohlehydrat-Grenze«. Die kritische Schwelle liegt irgendwo über Null und ist bei jedem verschieden. Das bedeutet im wesentlichen eine zusätzliche Garantie für eine erfolgreiche und dauerhafte Gewichtsabnahme. Jeder, der den Abnahmeplan der Diät-Revolution befolgt, weiß, daß die anfängliche Gewichtsabnahme im allgemeinen sehr schnell erfolgt und rasch weitergeht – besonders wenn man sehr viel Gewicht zu verlieren hat – solange der Abnehmende mehr oder weniger eng an der Ketogen-Schwelle bleibt. Man weiß, wie Sie auch feststellen werden, wenn Sie die Rezepte in diesem Buch überfliegen, daß es ganz unnötig ist, das ganze Leben lang an einer Kohlehydratmenge von Null festzuhalten. Es ist in der Tat unnötig – außer bei einigen seltenen, besonders schwierigen Fällen von Korpulenz – länger als ein paar Tage auf Null zu bleiben. Wenn Sie nun glauben, ich widerspräche meinen eigenen Grundvoraussetzungen über eine ultraniedrige Kohlehydrat-Diät, dann müssen Sie einen genaueren Blick auf die Rezepte werfen. Sie werden sehen, daß jedes einzelne davon zwei Kohlehydratangaben hat: eine Gesamtmengenangabe für die ganze Mahlzeit und eine Grammangabe für die Portion, das heißt, für Ihren Anteil des Rezeptes. In einigen Fällen liegt die Angabe fast bei Null und in anderen ein bißchen höher. Sie werden bemerken, daß es Portionen von 4, 5 und 6 Gramm gibt. Es kann sein, daß Sie sogar dreimal am Tag solch ein Mahl einnehmen, was auf eine Tagesmenge von 15 oder 20 Gramm hinausläuft. Das ist gemessen an einem Standard von Null Kohlehydraten natürlich sehr hoch. Aber verglichen mit den nicht ketonämischen kohlehydratarmen Diäten, bei denen 50 oder 60 Gramm erlaubt sind, ist das immer noch sehr wenig.

Die Einführung von geringen Mengen von Kohlehydraten in die Diät soll etwas bewirken, was ich in meinem Original-Diät-Buch ausführlich beschrieben habe und deshalb hier nur kurz zusammenfassen will: Wenn ich festgestellt habe, daß in der ersten Diätphase Gewichtsverlust und steigendes Wohlbefinden ein hohes Maß erreicht haben, dann gestatte ich im allgemeinen – aus Gründen der Abwechslung, der Ausgewogenheit der Menüs, aus Geschmacksgründen, zur Vermeidung von zu hohem Gewichtsverlust und besonders auch, um auf eine lebenslange Beibehaltung der Diät hinzuarbeiten – kleine Mengen von Kohlehydraten zu der täglichen Kost, bis die jeweilige individuelle Höchstgrenze erreicht ist, der Punkt, an dem man fast wieder anfängt zuzunehmen. Das ist die persönliche kritische Kohlehydrat-Schwelle. Damit ergibt sich für Sie, als Grundvoraussetzung einer lebenslangen Diät, die Notwendigkeit, daß Sie ständig über Ihre Kohlehydratzufuhr im Bilde sind, daß Sie diese stets zügeln, und es nicht zulassen, daß sie Ihnen außer Kontrolle gerät.
Ich werde oft gefragt, was denn so »neu« und »revolutionär« an dem Abnahmeprogramm der Diät-Revolution sei, und worin es sich von anderen kohlehydratarmen Diäten unterscheide. Nun, die Idee der »Reduktion von Kohlehydraten« ist natürlich *nicht* neu. Aber das Buch fordert uns zu einer Revolution in unserem Denken auf, zu der Anerkennung der Tatsache, daß Kalorien verschiedenen Ursprungs im Körper auch verschiedene Wirkungen hervorbringen und daß die üblichen »ausgewogenen« Diäten stets einen Nachteil für den korpulenten Menschen haben – sie enthalten zu viele Kohlehydrate, und diese Kohlehydrate können eine dicke Person dann noch dicker machen. Darüber hinaus ist dies hier nicht einfach eine weitere kohlehydratarme oder kohlehydratlose Gewaltkur. Sie ist eine abgestufte, sehr kohlehydratarme Diät, die in Verbindung mit erheblichen Vitamin- und Mineralienzusätzen nicht einfach der Gewichtsabnahme, sondern der optimalen Gewichtsstabilität und lebenslänglichen Einhaltung dienen soll.

Kritiker haben darauf hingewiesen, daß alle kohlehydratarmen Diäten, die es bisher gab, wieder in der Versenkung verschwunden sind. »Warum«, fragen diese Zweifler, »sind jene verschwunden, wenn diese funktioniert?« Wieder muß ich sagen, daß jene Diäten eben nicht »diese Diät« sind. Die früheren Diäten kann man höchstens als erste Pionierschritte auf einem richtigen Weg betrachten. Das Programm der Diät-Revolution stellt das Optimum einer medizinisch fundierten kohlehydratarmen Lebensführung dar – ich betone es noch einmal, *Lebensweise,* nicht einfach eine Gewalt-Abnahmekur. Eines der Probleme bei einigen der sogenannten Vorläufer-Diäten ist folgendes: Sie waren Eintagsfliegen, der Schwerpunkt lag auf momentanem Gewichtsverlust. Was morgen sein würde, war egal. Im Zusammenhang damit steht die Frage, was sie als »kohlehydratarm« definieren. Entweder waren es Null-Diäten auf Gewaltkur-Basis, oder sie waren nicht annähernd niedrig genug, um insgesamt erfolgreich zu sein. Ein anderes Problem der früheren Diäten war die generelle Mißachtung einer wirksamen Vitamin-Mineralien-Versorgung, die für mich von vorrangiger Bedeutung ist. Und ein weiteres Problem war nach meiner Ansicht außerdem noch der Mangel an Abwechslung und Sorgfalt bei ihren Diät-Menüs. In dieser Beziehung halte ich die Rezepte dieses Buches für einen großen Schritt nach vorn, da sie abwechslungsreiche und appetitliche Speisen anbieten, die ein sehr kohlehydratarmes Programm so genußvoll macht und die diese auf gesunden physiologischen Grundlagen beruhende Diät auch verdient.
Somit unterscheidet sich »meine Diät« von allen ähnlich gearteten Diäten in vieler Hinsicht. Dies sind die größten Unterschiede: Erstens ist sie nicht eine kohlehydratarme Diät, sie ist eine Diät mit »drastisch reduzierten Kohlehydratmengen«, zweitens ist sie nicht auf eine Zeit von ein paar Tagen oder Wochen begrenzt, sie ist ein lebenslanges Programm. Sie ist »unser tägliches Brot«. Aber sie ist keine Kost auf so altmodischen Grundlagen wie Karotten, wäßriger Bouillon, Magermilch, Selleriestangen und ungebuttertem Toast (eher Butter ohne

Toast!). Es ist eine Kost, die so deftige Details im Menüplan zuläßt wie gefüllte Steaks, cremige Pilzsuppen, gemischter Salat mit Tomatendressing, gegrillte Hummerschwänze in Tarragoner, Spießchen mit Krabben und Speck, Käse-Soufflé, Cannelloni mit Huhn, Kokoscreme-Auflauf, Rum-Schokoladen-Pudding und vieles mehr, was Ihnen in den Rezepten von Fran und Helen auf den folgenden Seiten den Mund wäßrig machen soll.

»Aha«, werden Sie denken, »die geben mir Rezepte, die so klingen, als ob einem das Wasser im Mund zusammenlaufen müßte, bestimmt aber enthalten sie Ersatzstoffe, durch die sie viel weniger delikat schmecken als sie aussehen.«

Doch nein, das tun wir nicht. Einige der Rezepte enthalten bisweilen Ersatzstoffe, besonders wenn künstliche Süßstoffe gebraucht werden; aber der Sinn solcher Rezepte besteht darin, Ihnen etwas zu geben, was wirklich köstlich schmeckt, was zumindest genauso schmeckt, wie die kohlehydrathaltige Nahrung, die Sie aufgegeben haben und Ihnen hilft, das sehnsüchtige Verlangen zu bekämpfen, das Sie vielleicht nach einem gezuckerten Dessert oder einem stärkehaltigen Gericht haben...

Das geht auch ohne Zucker und ohne Stärke!

Dennoch beruhen die meisten Rezepte in diesem Buch nicht auf irgendwelchen Ersatzstoffen. Sie beruhen auf Zutaten, auf natürlichen und nahrhaften Lebensmitteln, die ein Minimum an Kohlehydraten enthalten. Das Hauptanliegen der Speisepläne, der täglichen Kost, die Ihnen auf den folgenden Seiten angeboten wird, ist es, Sie mit einer Feinschmecker-Auswahl von durch und durch schmackhaften Mahlzeiten zu versorgen, damit Sie sich nicht nur ein paar Tage oder Wochen, sondern eine lange, lange Zeit, ja ein Leben lang daran halten mögen. Möchten Sie immer ohne Butter und Eier leben? Ohne Beeren und Schlagsahne? Ohne Mayonnaise? Ohne gebundene Suppen, Salatsaucen, Pastete? Ohne gebratene Speisen, Speck, Roquefort, Sauce Hollandaise? Nun, wenn Sie genauso sind, wie die meisten meiner Patienten, dann brauchen Sie nicht darauf zu verzichten. Dann können Sie *mit* all diesen Dingen leben.

Diese Diät ist nicht so, daß Sie ständig in Versuchung geraten, sie aufzugeben. Sie wird Ihnen gefallen, Sie werden für den Rest Ihres Lebens dabei bleiben wollen. Wenn Sie mit dieser Diät abnehmen möchten, werden Sie abnehmen, wenn Sie Ihre überflüssigen Pfunde schon losgeworden sind und Ihr Idealgewicht erreicht haben, dann werden Sie es damit leicht halten können. (Falls Sie Ihr optimales Gewicht nicht kennen – d.h. Ihr Idealgewicht in Übereinstimmung mit Ihrer Größe, Körperbau, Geschlecht und Alter –, dann sehen Sie in einer der leicht erhältlichen Gewichtstabellen nach.) Was ich durch dieses Buch herausstellen möchte, ist ein Ernährungskonzept zum lebenslangen Gebrauch, das der Gesundheit, der Gewichtskontrolle, den Eßfreuden und dem Lebensgenuß dient.
Als Arzt muß ich darauf hinweisen, daß die Diät-Revolution unter der Aufsicht oder Anleitung eines Arztes durchgeführt werden soll und dazu bestimmt ist, ärztliche Behandlung eher zu ergänzen als zu ersetzen. Ich habe immer darauf bestanden, aber ich möchte es auf diesen Seiten doppelt klarmachen, daß *alle* Diäten unter Aufsicht eines Arztes durchgeführt werden sollten. Natürlich braucht man keinen Arzt zu konsultieren, ehe man einmal ein paar Rezepte aus diesem Kochbuch ausprobiert. Aber man sollte es unbedingt tun, bevor man seine lebenslangen Eßgewohnheiten umzustellen beginnt. Das möchte ich all denjenigen von Ihnen raten, die Probleme mit der Gewichtsbeschränkung haben. Wie ich schon bemerkte, sind alle Vorschriften in sorgfältigen, peinlich genauen klinischen Beobachtungen an über zehntausend Patienten überprüft worden, die immer wieder untersucht wurden, während sie die Diät befolgten. Ich stellte fest, daß sie unvergleichlich effektiv war; ich fand es bemerkenswert, daß sie keine nachteiligen Folgen zeigte. Die Diät kam zustande durch empirische Untersuchungen, die ich selbst durchführte, durch Eigenversuche, durch vorsichtige Anwendung erprobter Grundsätze bei Tausenden sehr verschiedenartiger Personen und durch sorgsame Anpassung der Diät an ihre individuellen Bedürfnisse. Sie ist das unverfälschte Ergebnis meiner Beobachtungen und Erfahrungen,

das aus jahrelanger Praxis in der Behandlung der vielen übergewichtigen Personen, die mich konsultierten, erwachsen ist.
Trotzdem reagieren natürlich nicht alle übergewichtigen Menschen in gleicher Weise auf eine Diät. Es bestehen individuelle Unterschiede. Eine Diät, die dem einen zum Abnehmen verhilft, kann einen anderen zunehmen lassen. Die gleiche Diät, die den Cholesterin-Spiegel bei dem einen absinken läßt, kann ihn bei einem anderen anheben. Man braucht keinen Arzt, um zu erkennen, ob man abnimmt oder ob man sich wohl oder unwohl fühlt. Das kann man selbst am besten beurteilen. Man braucht keinen Arzt, um seine eigene Größe, Figur, Muskulatur und aus diesen Faktoren das Idealgewicht zu bestimmen. Man braucht auch keinen Arzt, um festzustellen, ob die Diät geeignet ist, das Gewicht zu reduzieren und konstant zu halten, weil jedermann die Selbst-Test-Methode, die in der Diät-Revolution beschrieben ist, ohne Schwierigkeiten anwenden kann. Aber man braucht einen Arzt, der einem sagt, welche Fortschritte man mit seinen Cholesterin-,Triglyzerid-, Glukose- und Harnsäurewerten macht, jene Variablen, die höchstwahrscheinlich durch meine Diät beeinflußt werden und die natürlich in direktem Zusammenhang mit Ihrer Gesundheit stehen. Eines ist ganz sicher: Immer wenn in meiner Praxis irgendeine beunruhigende Komplikation auftrat, war es möglich, die Diät zu modifizieren oder geeignete Medikamente zu verschreiben. Aber das kann natürlich nur mit Hilfe des Arztes geschehen.

Es gab in der Tat Fälle, in denen meine Diät modifiziert werden mußte, doch es gibt nur wenige grundsätzliche Fälle, in denen sie völlig unangebracht ist. Wenn irgendeine andere Krankheit mit Korpulenz zusammen auftritt, muß eine Diät immer den Aspekten medizinischer Beobachtung und Beurteilung unterworfen werden. Natürlich sollte jemand, der neben dem Übergewicht noch andere Krankheitserscheinungen zeigt, meine Diät nie befolgen, ohne seinen Arzt aufzusuchen – z.B. ein von Insulin abhängiger Diabetiker (und denken Sie daran, eine überwältigende Mehrheit der Diabetiker benötigt gar kein Insulin) oder Patienten mit bestimmten Nierenleiden oder -versagen, die eine Protein-Einschränkung verlangen. Ich habe es jedoch nie nötig gehabt, die wesentlichen Grundsätze meiner Diät aufzugeben, wenn ich einen Übergewichtigen behandelte, ganz gleich, was für Komplikationen vorlagen. Zum Beispiel habe ich bei all meinen schwangeren Patientinnen in Zusammenarbeit mit ihren Gynäkologen eine modifizierte Version meiner Diät angewandt, die ausgezeichnete Erfolge für Mutter und Kind hatte – wobei ich mir bewußt war, daß während einer Schwangerschaft nicht die Gewichtsabnahme die Hauptsache ist, sondern das Vermeiden unnötiger Gewichtszunahme. Um diesen Grundsatz zu erfüllen, ist es nicht notwendig, den Kohlehydratstand auf das unterste Minimum zurückzuschrauben, wie es die Abnahmephase der Diät verlangt.

Die Frage des Cholesterins in der Diät und im Blut war eines der Hauptthemen der medizinischen Diskussion über diese Diät. Einige Ärzte scheuen davor zurück, eine Diät zu empfehlen, die unbegrenzte Mengen von Cholesterin und gesättigten Fettsäuren enthält. Sie sind der Meinung, daß sich bei Personen, die auf eine Erhöhung der Plasma Lipoide (Fette) ansprechen, die Gefahr eines Herzinfarktes vergrößert. Als Arzt mit nicht unbedeutender Erfahrung auf dem Gebiet der Herzkrankheiten bin ich gerade mit Herzleiden besonders gut vertraut. Es steht außer Frage, daß eine Person, deren Cholesterin-Spiegel zu hoch ist, wirklich ein erhöhtes Risiko eingeht, sich ein Herzleiden zuzuziehen. Aber es ist nicht erwiesen, daß mit dieser Diät bei übergewichtigen Personen eine auffallende Erhöhung des Cholesterin-Spiegels oder anderer Fettwerte in beunruhigender Form auftritt. Meine Befunde haben mir genau das Gegenteil bewiesen.

Es gibt viele Faktoren, die den Blut-Fett-Spiegel des Menschen steuern, ebenso groß ist die Wahrscheinlichkeit, daß sie ein Herzleiden auslösen. Einer dieser Faktoren ist gewiß die Menge der gesättigten Fette in der Diät, ein anderer aber ist auch die aufgenommene Menge an Zucker und anderen verfeinerten Kohlehydraten. Wir kennen viele Kulturen mit stark fetthaltiger Kost, bei denen die Cholesterin-Werte niedrig sind und Herzleiden selten auftreten. Und umgekehrt kennen wir Menschen, deren Cholesterin-Spiegel ansteigt, sobald sie stark fetthaltige Kost essen, besonders wenn sie mogeln, indem sie auch Kohlehydrate aufnehmen. Meine eigenen Aufzeichnungen über die Wirkungen meiner Diät auf die Triglyzerid- und Cholesterin-Spiegel meiner Patienten ergeben, daß meistens eine Besserung eintritt und der Cholesterin-Spiegel sinkt. Freilich – meine Patienten mogeln nicht. Sie sind mit meiner Diät mehr als zufrieden.

Dennoch besteht für jeden einzelnen Patienten die Verpflichtung, sich zu vergewissern, daß er nicht zu denjenigen gehört, deren Cholesterin-Spiegel erheblich ansteigt. Das heißt – und da gibt es auch keinen Kompromiß, daß er zu einem Arzt zu einer Blutuntersuchung gehen muß, bevor er die Diät beginnt und dann noch einmal nach ungefähr einem Monat Diät. Nur so kann sich der Patient Gewißheit verschaffen, daß er nicht zu denen gehört, die die Einnahme tierischer Fette einschränken oder zumindest kontrollieren müssen.

Dennoch will ich nachdrücklich darauf hinweisen, daß ein anfänglich hoher Cholesterin-Spiegel nicht notwendigerweise eine fettarme Diät verlangt. Das ist nur angezeigt, wenn der Cholesterin-Spiegel während der Diät ansteigt – ein deutliches Zeichen, daß *die Diät* nicht genau auf die Person zugeschnitten ist und daher angepaßt werden muß. Ein hoher Prozentsatz übergewichtiger Personen hat zunächst meistens einen hohen Cholesterin-Wert. Der Cholesterin-Spiegel sinkt jedoch durch das Weglassen von Kohlehydraten, ohne die Verwendung von Fett unbedingt auszuschließen.

Es ist ein beliebter Trick von Kritikern meiner Diät, zu verkünden, daß sie besonders fetthaltig sei. Vielleicht sind Sie überrascht zu erfahren, daß das nicht der Fall ist. Es hat sich gezeigt, daß bei einer Beschränkung der Kohlehydratzufuhr auf die ziemlich großzügige Menge von 60 Gramm sorgfältige Beschreibungen des Diät-Verlaufs ein Absinken der Fetteinnahmen von ungefähr 20 Prozent verzeichnen, auch wenn eine

Einschränkung der Fettmenge nicht verlangt war. Das ist darauf zurückzuführen, daß Speisen wie Eiscreme, Pasteten, Konditoreiwaren, Pommes Frites, Brot und Butter usw. aus dem Speiseplan gestrichen und der Appetit und die Nahrungsaufnahme verringert sind. In der von mir empfohlenen Ketogenen Diät ist der Appetitsverlust sogar noch größer und die eingenommene Fettmenge noch geringer.
Wir haben festgestellt, daß das einer der Gründe ist, weshalb der Durchschnittspatient Zutaten wie Sahne, Butter, Eier und Käse und fettreiche Nahrungsmittel, die ein Gericht so schmackhaft machen, in seine Diät aufnehmen kann.
Aber es wird immer noch einzelne geben, die auf diese Fettmenge nicht gut ansprechen. Wenn Sie merken, daß Sie so einer sind, dann können Sie die Ketogene Diät leicht so abwandeln, daß auch die Fette eingeschränkt werden.
Unter der Überschrift »Fettarme Rezepte« finden Sie eine Auswahl von Gerichten, die genau für diese Fälle gedacht sind. Wie Sie sehen werden, entsprechen die Rezepte allen Grundsätzen dieser Diät und enthalten trotzdem sehr wenig Fett. Zudem sind die Rezpte so verlockend, daß auch diejenigen Appetit bekommen, die sich eigentlich nicht um fettarme Kost bemühen müßten. Auf jeden Fall sollten Sie Ihre Ditäpläne mit Ihrem Arzt besprechen.
Vielleicht fragen Sie, was Sie tun sollen, wenn Ihr Arzt nichts für die Theorien, die in der Diät-Revolution entwickelt sind, übrig hat. Nun, ich glaube, Sie stimmen mir zu, daß die Situation nicht so entmutigend ist wie in der Vergangenheit. Die meisten Ärzte sind an einer Verbesserung des Gesundheitszustandes ihrer Patienten interessiert und sind bereit, mit einem Patienten zusammenzuarbeiten, der wirklich etwas für seine Gesundheit tun will. Erklären Sie Ihrem Arzt, daß Sie eine gründliche Untersuchung wünschen; und Blutuntersuchungen zu Beginn und in späteren Stadien Ihrer Diätkur; und daß Sie ihn bestimmt auch bitten werden, in regelmäßigen Abständen unter anderem Ihren Harnsäuregehalt und Ihren Cholesterin-Spiegel zu untersuchen.

Ich glaube, unter diesen Umständen wird es Ihr Arzt gern sehen, wenn Sie Ihren neuen Diät-Plan erproben. Er wird Ihren Entschluß, etwas für Ihre Gesundheit zu tun, zu schätzen wissen. Ihre eigenen Interessen und Bemühungen, verbunden mit seiner Sorge als Ihr Hausarzt, werden ihn dazu bringen, besonders sorgfältig auf Ihre Fortschritte während der Diät zu achten – auf Ihren Gewichtsverlust, Ihren Zuwachs an Gesundheit, Ihre neue Energie und mit aller Wahrscheinlichkeit auch auf die Verbesserung Ihrer Bluttest-Werte. Wenn er der Ansicht ist, daß diese oder irgendeine andere Diät in Ihrem Fall aus medizinischen Gründen kontraindiziert ist, wird er es Ihnen sagen und Sie entsprechend beraten. Wie schon gesagt: Aus meiner Erfahrung sind Kontraindikationen bei dieser Diät äußerst selten, und es gibt selten Nebenwirkungen, (gelegentliche Begleiterscheinungen jeder Diät, besonders wenn sie falsch angewandt wird) und sie sind gewöhnlich ohne Schwierigkeiten zu beheben.

Dennoch muß ich hervorheben, daß jede grundlegende Änderung der Eßgewohnheiten nicht ohne ärztlichen Rat und regelmäßige Untersuchungen erfolgen sollte. Sie können vielleicht selber am besten beurteilen, wie Sie sich fühlen und wie Sie aussehen, aber Ihr Arzt kann am besten beurteilen, welche Veränderungen in Ihrem Inneren vor sich gehen. Also fragen Sie Ihren Hausarzt, ob er bereit ist, Ihren Null-bis-wenig-Kohlehydrate-Plan zu überwachen. Sie werden überrascht sein, wie groß die Zahl der Ärzte geworden ist, die die Erfolge der Diät anerkennen und damit beginnen, ihren Patienten Kohlehydrat-Einschränkungen zu verordnen.

Aber dies ist eigentlich kein Buch über eine Diätkur, und es ist auch keine medizinische Abhandlung. Dies ist ein Buch über das Essen, über gutes und schönes Essen, über Essen, wie ich es selber zu mir nehme, um mein Gewicht und meine übermäßig gute Gesundheit zu erhalten. Es ist ein Kochbuch, und ein sehr spezielles, das als Ergänzung zu »Dr. Atkins Diät-Revolution« dienen soll. Und der Zweck dieses Kochbuches mit seinen mehr als 300 kohlehydratärmsten Rezepten ist es nicht nur, Ihnen zu

helfen, überflüssige Pfunde zu verlieren, falls Sie es noch nötig haben sollten, sondern Ihnen vor allem zu ermöglichen, Ihr Idealgewicht zu halten, sobald Sie es erreicht haben.
Wenn Sie die Diät gemacht haben, dann werden Sie wissen, daß sie aus mehreren Phasen besteht. In der frühen Phase verlieren Sie schnell an Gewicht. Sehr bald werden Sie sich Ihrem Idealgewicht nähern. Wenn es soweit ist, können Sie allmählich Veränderungen auf Ihrer Speisekarte vornehmen – kleine, aber interessante und zufriedenstellende. An einem gewissen Punkt, der für Sie ganz spezifisch ist, werden Sie merken, daß Sie Ihr Idealgewicht erreicht haben. Und an diesem Punkt geschieht etwas Erfreuliches: ihr Gewicht stabilisiert sich. Vielleicht nicht vollständig, aber im Bereich einiger Pfunde. Das wird jedoch nicht geschehen, wenn Ihre Kohlehydrateinnahme zu niedrig ist; in diesem Fall werden Sie auch weiterhin etwas abnehmen Und das wird auch dann nicht geschehen, wenn Ihre Kohlehydratzufuhr zu hoch ist. In dem Fall werden Sie wahrscheinlich wieder zunehmen. Aber für Ihre Körperstruktur gibt es ein Idealgewicht, und wenn Sie es mit dieser Diät erreichen und weiterhin sorgfältig dem Diätplan folgen, dann werden Sie keine Fehler bei Ihrer Kohlehydrateinnahme machen, und Sie werden keine weiteren Gewichtsverluste und auch keine alarmierenden Zunahmen erleben.
Worin liegt das Geheimnis dieser Stabilisierung Ihres Gewichts? In Ihrer KKS, Ihrer kritischen Kohlehydrat-Schwelle. Wenn Sie die herausgefunden haben – und das müssen Sie auf jeden Fall – dann werden Sie nie mehr zuviel abnehmen oder zuviel zunehmen. Am besten wäre es, Ihr Gewicht würde gar nicht mehr schwanken, nachdem Sie Ihr Abnahmeziel erreicht haben. Aber es gibt für Sie keinen Grund zur Besorgnis, wenn es sich hin und wieder im Fünf-Pfund-Bereich verändert. Sie können durch eine Veränderung der Kohlehydratzufuhr Ihr Gewicht immer stabil halten, indem Sie auf einige Leckereien verzichten oder sich ein paar Extras gestatten.
Sie werden verstehen, weshalb ich Sie immer auf das Original-Diät-Buch hinweise. Es ist eine Anleitung für das kom-

plette Verständnis des Rezept-Programms, das Sie in diesem Buch finden. Das heißt nicht, daß Sie nicht auch ohne weiteres jedes einzelne Rezept in diesem Buch als Einzelbeispiel für gute kohlehydratarme Küche benutzen können, aber ich habe meine Patienten und meine Leser immer gern ausführlich darüber unterrichtet, was ich ihnen empfahl und warum. Das ist die Aufgabe des Handbuchs über die *Diät-Revolution.*

Dieses Buch soll Ihnen ständige Gaumenfreuden bereiten.

Manchmal fragt man mich: »Worin besteht der Unterschied zwischen Gewichtsabnahme und Gewichtserhaltung?« »Wie kann eine Diät gleichzeitig Abnahme und Stabilisierung erreichen?«

Nun, das ist sehr einfach: Meine Diät ist anpassungsfähig. Und die Rezepte in diesem Buch beweisen diese Anpassungsfähigkeit. In der Phase, die »biologisch gleich Null« ist, nehmen Sie recht schnell ab. Wenn Sie die Kohlehydrate nach und nach etwas steigern, nehmen Sie langsamer ab. Wenn Sie noch mehr hinzufügen – immer die KKS im Auge behalten! – stabilisiert sich Ihr Gewicht und Sie halten es auf einem bestimmten Stand. Beobachten Sie Ihre Waage, beachten Sie die Grammangaben in den Rezepten, beobachten Sie Ihre KKS, leben Sie danach, und Sie haben das ganze Geheimnis.

Damit Sie den Wert dieser Rezepte als Teil des Programms zur Gewichtskontrolle richtig einschätzen lernen, müssen Sie sich klar werden, wie lange Sie die Diät einhalten wollen. Durch die einfache Tatsache, daß Sie zu dick sind, haben Sie bewiesen, daß es für Sie ein Gewichts-Problem gibt. Das bedeutet, wenn Sie den natürlichen leiblichen Gelüsten keine Schranken setzen, können Sie mit Fug und Recht erwarten, daß Ihr Gewicht schließlich einen Höchststand erreicht, statt sich auf einem niedrigeren Niveau zu stabilisieren.

Wenn Sie nicht Ihr ganzes Leben mit Ihrem Höchstgewicht oder am »Hochflut-Pegel« verbringen wollen, müssen Sie die Tatsache begreifen, daß richtiges Gewicht die Folge lebenslan ger Eßgewohnheiten ist. Gewichtsabnahme macht vielleicht nur ein Prozent der Diät-Schlacht aus. *Dieses* Buch dient dem

Kampf um die Erhaltung Ihres Normalgewichts – den anderen neunundneunzig Prozent Ihres Lebens.
Ich kann Ihnen aber versichern, daß diese Schlacht mit meiner Diät ein Vergnügen ist. Obwohl ich selber kein Feinschmekker-Koch bin und den Inhalt dieses Buches nicht in meiner Junggesellen-Küche erfunden habe, kann ich dafür bürgen, daß ich viele der Rezpte ausprobiert habe, und sie ließen für mich in keiner Weise etwas zu wünschen übrig. Ich kann vor allem bestätigen, daß sich die Rezepte und Menüs in ihrer Gesamtheit für einen normalen und gesunden Menschen eignen, der eine sorgfältig geplante Diät mit entsprechend niedrigem Kohlehydratgehalt sucht. Aber ich kann darüber hinaus versichern, daß die Rezepte appetitliche und wohlschmeckende Mahlzeiten ergeben. Gutes Essen. Sogar köstliches Essen! Würziges Rippenspeer... cremige Suppeneinlagen... Steaks mit Käse... Lachsbelegte Eier... Sherry Dressing... Hummergerichte... Gnocchi... gebratene Eier und Schinken... Zitronencreme... Erdbeerparfait...!
Lassen Sie sich von mir zu neuen Eß-Erlebnissen (ver)führen mit leckeren und gesunden Speisen und mit einem herzlichen

Bon Appétit!

Appetit-Happen und Imbisse

Hackfleisch-Bällchen 12 Bällchen

225 g Doppelrahm-Frischkäse (Zimmertemperatur)
1/4 Teel. Salbei
1/4 Teel. Worcestershire-Sauce
1/2 Teel. Zwiebelsaft
1 Spritzer Zitronensaft
1 Spritzer Tabasco
175 g Beefsteakhack

Die Zutaten außer dem Hackfleisch vermischen und für mindestens eine Stunde kalt stellen.
Danach wird die Masse in kleine Bällchen geformt, die mit dem Hackfleisch umhüllt werden. Kalt stellen.
Auf Cocktailspießchen servieren.

Zusammen	4,8 g KH
Pro Bällchen	0,4 g KH

Auf hübsch dekoriertem Tablett servieren!

Schwedische Fleischbällchen 30 Bällchen

1/4 Tasse flüssige Schlagsahne
1/4 Tasse Wasser
1/4 Tasse Schweineschwarten-Chips
225 g Beefsteakhack
115 g Schweinefleisch
115 g Kalbfleisch
1 große, feingehackte Zwiebel
1 Tasse Rahmsauce (s. Register)
3 Eßl. Butter
2 Teel. Salz
1 Prise Muskatnuß
1 Prise Kümmel

Schlagsahne und Wasser vermischen. Chips beifügen und ziehen lassen.
Das Beefsteakhack und das durch den Fleischwolf gedrehte Schweine- und Kalbfleisch vermengen.
Die feingehackte Zwiebel und 1 Eßlöffel Butter leicht bräunen
Die Zwiebel, die Sahnemischung und das Fleisch vermischen. Mit Salz würzen. Kleine Bällchen formen und diese in zwei Eßlöffel Butter bräunen. Die Bällchen vom Herd nehmen und auf eine Warmhalteplatte stellen.
Die Rahmsauce erhitzen, mit Salz und Pfeffer abschmecken und über die Bällchen gießen. Mit Kümmel und Muskatnuß überstreuen.
Zusammen 16,3 g KH
Pro Bällchen 0,5 g KH

Befriedigt auch den größten Feinschmecker!

Nuß-Cocktail-Bällchen 22 Bällchen

450 g Tartar
3 Eßl. saure Sahne
2 Teel. gehackte Zwiebel
1/2 Tasse gehackte Walnußkerne
1 Knoblauchzehe
2 Teel. Salz
3 Eßl. Butter

Die ersten sechs Zutaten gut mischen. Kleine Bällchen formen. In Butter bräunen. Auf Cocktailspießchen servieren.
Zusammen 22,4 g KH
Pro Bällchen 1,0 g KH

Nur einen auf einmal!

Fleischbällchen in Dillsauce 24 Bällchen

675 g Rinderhackfleisch
1/4 Tasse gehackte Zwiebel
2 verquirlte Eier
1 kleine, gehackte Knoblauchzehe
1/2 Teel. Muskatnuß
1/2 Teel. Paprika
Salz und Pfeffer nach Geschmack
3 Eßl. Butter

Mischen Sie alle Zutaten außer der Butter zu einem großen Kloß. Formen Sie aus der Masse viele kleine Fleischbällchen, die Sie in der Butter braun braten. Die Bällchen werden in eine feuerfeste Form gegeben.

Sauce

1 Teel. Tomatensauce
1/2 Tasse Rinderbrühe
1 geschlagenes Eigelb
1/4 Liter saure Sahne
2 Eßl. Dill

Tomatensauce und Fleischbrühe in eine Saucenpfanne füllen und das Eigelb hinzufügen. Bei niedriger Hitze unter ständigem Rühren 5 Minuten erhitzen. Abkühlen lassen.
Saure Sahne und Dill dazurühren. Die Sauce über die Fleischbällchen gießen und bei 150° 20 Minuten im Ofen backen.
Zusammen 11,3 g KH
Pro Bällchen 0,5 g KH

So macht Diät Spaß!

Antipasto 6 Portionen

½ Tasse Estragonessig (oder weißen Weinessig)
1 Tasse Olivenöl
3 zerdrückte Knoblauchzehen
½ Eßl. Oregano
340 g grüne Oliven
115 g schwarze Oliven
½ Selleriestange, zerkleinert
1 kleine rote Peperoni, zerkleinert
1 kleine, gehackte Zwiebel
¼ Pfd. Ziegenkäse, gewürfelt
¼ Pfd. roher Schinken, gewürfelt
¼ Pfd. italienische Salami, gewürfelt
½ Dose Thunfisch (ca. 100g)
Salatblätter

Essig, Öl, Knoblauch und Oregano miteinander verrühren. Oliven, Sellerie, Peperoni und Zwiebel dazugeben. Über Nacht in den Kühlschrank stellen.
Vor dem Servieren Käse, Schinken, Salami und Thunfisch hinzufügen und das Ganze gut mischen.
Zusammen 24,4 g KH
Pro Portion 4,1 g KH

Niemand wird glauben, daß Sie Diät essen!

Süßer Käse-Snack 18 Snacks

115 g Doppelrahm-Frischkäse (Zimmertemperatur)
2 Eigelb
2 Eiweiß
Süßstoff entsprechend 1 Eßl. Zucker

Backofen auf 180° vorheizen.
In der Zwischenzeit den Rahmkäse mit dem Eigelb glattrühren. Süßstoff beifügen. Eiweiß steif schlagen und die Käsemischung sehr vorsichtig unterziehen, damit das Eiweiß nicht zerfällt. Backblech einfetten. Die Mischung in kleinen Portionen auf das Backblech geben und bei 180° 10 Minuten lang backen.
Zusammen 5,2 g KH
Pro Portion 0,3 g KH

Eine fröhliche Kombination – süß und käsig!

Himmlische Flügel

Hors d'œuvres
6 Portionen

675 g Hühnerflügel
1 Tasse Sojasauce
Süßstoff entsprechend 2 Eßl. Zucker
1/4 Tasse Weißwein
2 zerriebene Knoblauchzehen
1/4 Tasse Öl
1/2 Teel. gemahlener Ingwer

Fleisch waschen und trocknen. Die Flügel an den Gelenken zerteilen. Die Flügelenden abtrennen und wegwerfen. Aus den übrigen Zutaten bereiten Sie die Sauce.
Legen Sie die Flügel nebeneinander in eine flache Backform. Gießen Sie die Sauce darüber. Nun sollte die Mischung 16 Stunden im Kühlschrank ziehen.
Das Ganze bei 160° 1 1/2 Stunden backen.
Zusammen 17,4 g KH
Pro Portion 3,0 g KH

Zum Fingerlecken!

Gurke in saurer Sahne

4 Portionen

1 große Salatgurke, in dünne Scheiben geschnitten
1/2 Teel. Salz
1/2 Tasse saure Sahne
Süßstoff entsprechend 1/4 Teel. Zucker
1 Eßl. Weinessig
1/2 Teel. Dill

Die Gurkenscheiben in eine flache Schüssel geben und mit Salz überstreuen. 1/2 Stunde ziehen lassen. Dann die Flüssigkeit abgießen.
Die übrigen Zutaten darübergeben und alles gut vermischen. Kalt stellen und dann servieren.
Zusammen 13,5 g KH
Pro Person 3,3 g KH

Käsebällchen

12 Bällchen

3 Eßl. weiche Butter
115 g Doppelrahm-Frischkäse (Zimmertemperatur)
2 Teel. flüssige Schlagsahne
1/8 Teel. Gewürzsalz
1/2 Tasse gehackte Walnüsse

Die Butter mit Rahmkäse, Sahne und Salz verrühren. Aus der Käsemasse kleine Bällchen formen und diese in den gehackten Walnüssen rollen.
In Alufolie einwickeln und in den Kühlschrank legen, bis sie fest geworden sind.
Zusammen 22,6 g KH
Pro Bällchen 1,9 g KH

Zum Reinbeißen!

Spaß mit Fenchel 24 Bällchen

225 g Schmelzkäse
4 Eßl. Fenchelsamen
4 Eßl. zerlassene Butter
Süßstoff entsprechend 1 Eßl. Zucker
1 verquirltes Ei

Backofen auf 180° vorheizen.
Alle Zutaten gut vermischen und aus der Masse kleine Bällchen formen. Die Bällchen werden auf gefettetem Backblech 15 Minuten gebacken und heiß oder kalt serviert.
Zusammen 8,0 g KH

Kicher-Snacks!

Cottage Cheese-Dip

1 Tasse Hüttenkäse
1 Teel. geriebene Zwiebel
3 Eßl. flüssige Schlagsahne
1/2 Teel. Kümmel
1/2 Teel. Salbei
1/2 Teel. Selleriesalz
1 Eßl. Zitronensaft

Hüttenkäse, geriebene Zwiebel und Sahne werden mit Kümmel, Salbei und Selleriesalz gut vermischt. Zuletzt rühren Sie den Zitronensaft unter.
Servieren Sie die Dip-Sauce mit Schweineschwarzen-Chips.
Zusammen 10,8 g KH

Für »Erinnern-Sie-mich-ja-nicht-daß-ich-diäte«-Nascher!

Schwizer-Snack

115 g Schweizer Käse
4 Scheiben Speck
Öl

Den Käse in 8 Würfel schneiden und jeden Käsewürfel in eine halbe Scheibe Speck wickeln. In viel heißem Öl 30 Sekunden backen.
Zusammen 4,1 g KH

Sie werden jodeln vor Vergnügen!

Köstlicher Käse 28 Scheibchen

1/4 Tasse Roquefortkäse
1/2 Tasse Doppelrahm-Frischkäse
225 g Schweizer Käse in Scheiben

Roquefort- und Rahmkäse zu einer Creme verrühren. Die Mischung auf die Schweizer Käse-Scheiben streichen. Diese zusammenrollen und mit Spießchen festhalten. In den Kühlschrank legen, bis sie fest sind. Vor dem Servieren in Scheibchen schneiden.
Zusammen 6,7 g KH
Pro Scheibe 0,24 g KH

Drei Käse sind besser als einer!

Cottage Cheese-Scheiben 20 Scheiben

1 Tasse Hüttenkäse
1/4 Tasse zerkrümelten Roquefortkäse
5 gefüllte, zerkleinerte Oliven
2 Eßl. Piment
1 Eßl. zerkleinerten, grünen Pfeffer
1 Eßl. gehackte Petersilie
3 Eßl. Butter
1/2 Teel. Paprika

Vermischen Sie den Käse mit dem Hüttenkäse und geben Sie die übrigen Zutaten dazu. Formen Sie aus der Masse eine 5 Zentimeter dicke Rolle, die Sie in Alufolie wickeln und in den Kühlschrank legen. Die Rolle wird in Scheiben geschnitten serviert.
Zusammen 14,5 g KH
Pro Scheibe 0,7 g KH

Davon kann man sich eine Scheibe abschneiden!

Salami in Parmesan gebacken 8 Appetizer

225 g Salami (am Stück)
2 zerquirlte Eier
4 Eßl. geriebener Parmesankäse
Öl

Die Salami in acht Würfel schneiden. Dann die Salamiwürfel in die verquirlte Eimasse tauchen und in Parmesankäse wenden. Das gleiche noch einmal wiederholen und die Würfel in viel heißem Öl 30 Sekunden braten.
Zusammen 4,0 g KH

Eine geglückte Kombination!

Muschelfleisch in saurer Sahne

1 Tasse saure Sahne
250 g Muschelfleisch aus der Dose, abgetropft und zerkleinert
2 Teel. Muschelsaft (aus der Dose)
1 Eßl. geriebene Zwiebel
1 Teel. Selleriesamen
1/4 Tasse Mayonnaise
1 Eßl. Zitronensaft

Gewürzsalz oder Salz und Pfeffer nach Geschmack.
Alle Zutaten gut vermischen. 1 Stunde dann mindestens in den Kühlschrank stellen, bevor Sie das Gericht mit Schweineschwarten-Chips servieren.
Zusammen 16,4 g KH

Auch als Sauce für frisches Gemüse geeignet!

Garnelen-Spießchen 18 Appetizer

18 geschälte Garnelen
2 Eßl. Olivenöl
1 Eßl. Zitronensaft
Salz und Pfeffer
Paprika
18 Streifen Speck

Die Garnelen mehrere Stunden in Öl, Zitronensaft und Gewürzen marinieren. In Speckstreifen wickeln und mit Spießchen zusammenhalten. Dann unter häufigem Wenden braten, bis der Speck knusprig ist.
Zusammen 17,6 g KH
Pro Garnele 4,0 g KH

Eine besser als die andere!

Garnelen-Appetizer 12 Appetizer

12 frische, gekochte Garnelen
4 Tropfen Tabascosauce
2 Eßl. Zitronensaft
1 Teel. Worcestershire-Sauce
Salz nach Geschmack
6 Scheiben Speck

Ofen auf 220° vorheizen.
Garnelen in eine Schüssel legen und Tabascosauce, Zitronensaft, Worcestershire-Sauce und Salz darübergeben. Vorsichtig umrühren.
Speckscheiben halbieren. Jede Garnele in eine halbe Speckscheibe wickeln und mit Spießchen befestigen. Die Röllchen im vorgeheizten Ofen in einer Pfanne backen, bis der Speck knusprig ist.
Zusammen 10,8 g KH
Pro Garnele 0,8 g KH

Knusprige Garnelen!

Garnelen und Pilz-Appetizer 6 Portionen

450 g feste weiße Pilze
1/4 Tasse Olivenöl
1/2 Teel. Zitronensaft
1/8 Teel. frisch gemahlenen, schwarzen Pfeffer
1/8 Teel. zerkleinerten Knoblauch
450 g gekochte Garnelen
1/4 Teel. Salz
2 Eßl. gehackte Petersilie

Pilze waschen und trocknen. Stiele entfernen und anderweitig verwenden. Pilzköpfe in hauchdünne Scheiben schneiden. Öl,

Zitronensaft, Pfeffer und Knoblauch darübergeben. Im Kühlschrank unter zeitweiligem Umrühren 2 Stunden ziehen lassen.
Dreißig Minuten vor dem Servieren die gekochten Garnelen daruntermengen und das Salz hinzufügen. Gewürze nach Geschmack. Mit Petersilie bestreuen.
Zusammen 21,8 g KH
Pro Portion 3,6 g KH

Vollkommener Geschmack!

Gebeizte Meeresfrüchte 24 Stück

450 g frische Heringe-, Forellen-, Lachs-, Heilbutt- oder Merlan-Filets
1 mittelgroße Zwiebel
3/4 Tasse Estragon-Essig
1/2 Tasse Wasser
Süßstoff entsprechend 1/4 Teel. Zucker
1 Eßl. Gurkengewürz
1 Teel. Salz

Die Fisch-Filets waschen und in 3cm große Stücke zerteilen. Die Zwiebel in Scheiben schneiden und mit den Fischstücken in eine Schüssel legen.
Essig, Wasser und Gewürze mischen und zum Kochen bringen. Auf kleiner Flamme 10 Minuten kochen. Diesen Sud abkühlen lassen, bis er handwarm ist, dann über den Fisch gießen. Zudecken und für mindestens 24 Stunden in den Kühlschrank stellen.
Zusammen 23,4 g KH
Pro Stück 0,1 g KH

Krebsfleisch-Bällchen
für eine größere Gesellschaft 30 Bällchen

2 Eßl. Butter
2 Eßl. zerkleinerte Zwiebeln
1 Knoblauchzehe
1/2 Tasse ungesüßte Kokosflocken
2 Tassen Krebsfleisch (frisch oder aus der Dose)
1 Ei
2 Eßl. Rahm
2 Teel. Curry
1 Teel. Salz
1/2 Tasse Schweineschwarten-Chips
1/2 Tasse Öl

Die Butter erhitzen. Zwiebeln und Knoblauch zugeben. Leicht bräunen. Nachdem Sie Zwiebeln und Knoblauch herausgenommen haben, die Kokosflocken in die Pfanne geben und leicht anbräunen.
Dann das Krebsfleisch, Ei, Rahm, Curry und Salz vermengen. Zwiebel, Knoblauch und Kokosflocken zugeben. Das Ganze gut mischen. Kleine Bällchen formen und in den Chips rollen. Öl erhitzen. Bällchen im heißen Öl bräunen. Auf Küchenkrepp gut abtropfen lassen und auf Cocktailspießchen gespießt servieren.
Zusammen 23,8 g KH

Man kann nicht genug davon machen!

Wie man Eier für Füllungen vorbereitet
Eier auf kleiner Flamme 15 Minuten kochen. Dabei häufig wenden, damit Eigelb in der Mitte bleibt. Unter kaltem Wasser abschrecken. Die geschälten Eier längs halbieren. Eiboden durch Abschneiden einer kleinen Scheibe standfest machen. Eigelb aus den Eihälften herausnehmen und Füllung zubereiten (s. Register). Füllung in die Eihälften zurückgeben und mindestens 1/2 Stunde im Kühlschrank kühlen.

Gefülltes Ei auf Griechisch 6 Portionen

24 entkernte, griechische Oliven
6 hartgekochte und geschälte Eier
2 Eßl. weiche Butter
Gewürzsalz
Oliven im Mixer pürieren. Eier halbieren und Eigelb zerdrükken. Olivenmasse, Eigelb, Butter und Gewürze zu einer weichen Paste verrühren. Die Eihälften mit der Mischung füllen.
Zusammen 6,6 g KH

Man könnte sich damit füllen – aber die KH!

Schinkeneier-Bällchen 10 Bällchen

6 hartgekochte und geschälte Eier
2 Teel. gehackter Schnittlauch
4 Eßl. Mayonnaise
1 Prise Paprika
Salz nach Geschmack
1/2 Teel. Meerrettich
225 g gekochten Schinken, kleingeschnitten

Eigelb und Eiweiß trennen. Eigelb mit der Gabel zerdrücken und Schnittlauch, Mayonnaise, Paprika und Salz hinzufügen. Das Eiweiß mit dem Schinken und Meerrettich im Mixer glattrühren.
Dann werden die beiden Mischungen miteinander vermengt, in kleine Bällchen geformt und gekühlt.
Zusammen 4,4 g KH
Pro Eihälfte 0,4 g KH

Leicht zu machen und zu essen!

Cheddar-Oliven 28 Oliven

28 große, grüne Oliven mit Piment gefüllt
2 Tassen geriebener, scharfer Cheddar-Käse
225 g Speck in Scheiben

Die gefüllten Oliven längs halbieren. Piment herausnehmen und kleinschneiden. Käse und Piment verrühren.
Olivenhälften mit der Mischung füllen. Olivenhälften zusammendrücken. Speckscheiben halbieren. Jede Olive in eine halbe Scheibe Speck wickeln und mit Spießchen zusammenhalten 4–5 Minuten auf jeder Seite braten, bis der Speck knusprig ist.
Zusammen 14,7 g KH
Pro Portion 0,5 g KH

Oliven und Cheddar waren noch nie so gut!

Gewürzte schwarze Oliven 24 Oliven

210 g schwarze, entkernte Oliven
2 Teel. roter Pfeffer
2 Teel. Gurkengewürz
2 kleine, zerdrückte Knoblauchzehen
1/4 Tasse Weinessig (rot)
1/4 Tasse Oliven- oder Salatöl

Alle Zutaten in einen Behälter mit gut schließendem Deckel sanft schütteln. Mehrere Tage im Kühlschrank kalt stellen. Gelegentlich umschütteln. Abtropfen lassen vor dem Servieren. Hält sich im Kühlschrank mehrere Wochen.
Zusammen 11,1 g KH
Pro Olive 0,5 g KH

Etwas Spezielles!

Teufels-Lachs mit Eiern 12 halbe Eier

6 hartgekochte Eier
3 Eßl. Mayonnaise
½ Tasse Lachs, geräuchert oder aus der Dose, entgrätet und zerpflückt
1 Teel. scharfen Senf
1 Teel. Worcestershire-Sauce
½ Teel. Salz
1 Prise Pfeffer

Eier schälen und längs halbieren. Eigelb herausnehmen und mit der Mayonnaise vermischen. Die anderen Zutaten hinzufügen und gut verrühren. Etwas Lachs zum Garnieren übrig lassen. Die Masse in die Eihälften füllen und mit Lachsstreifen garnieren.
Zusammen 4,0 g KH
Pro Eihälfte 0,3 g KH

Teuflisch gut!

Pastete in Aspik 8 Portionen

225 g Doppelrahm-Frischkäse
2 Eßl. Worcestershire-Sauce
175 g Leberpastete
2½ Tassen Rindfleischbrühe
2 Blatt weiße Gelatine

Frischkäse zusammen mit 1 Eßl. Worcestershire-Sauce und der Leberpastete cremig schlagen und kühl stellen.
Gelatine nach Vorschrift einweichen. Fleischbrühe und 1 Eßl. Worcestershire-Sauce in einem Topf heiß werden lassen und die ausgedrückte Gelatine in der heißen Brühe unter ständigem Rühren auflösen, nicht kochen!

Von dieser Fleischbrühe-Gelatine-Mischung 1/2 Tasse in eine Puddingform (Fassungsvermögen ca. 3 1/2 Tassen) geben und im Kühlschrank erstarren lassen.
Die Käsemischung zu einem Kloß formen und diesen auf die erstarrte Schicht in die Form setzen. Die restliche Fleischbrühe-Gelatine-Mischung um den Kloß gießen. In den Kühlschrank stellen, bis die Pastete fest geworden ist. Auf Platte stürzen.
Zusammen 13,4 g KH
Pro Portion 1,7 g KH

Sieht nicht nur gut aus – schmeckt auch so!

Gebutterte Radieschen 24 Radieschen

12 schöne große Radieschen mit Stengeln
115 g leicht gesalzene Butter
1 Eßl. Rahmkäse
1/4 Teel. Senf
1/4 Teel. Zitronensaft
1/4 Teel. Zwiebelsaft
1/4 Teel. Kümmel
1 Spritzer Tabascosauce
1 Prise Muskat

Die Radieschen einmal längs durchschneiden. Käse und Butter verrühren und Muskat, Zitronensaft, Zwiebelsaft, Kümmel und Tabasco dazugeben.
Diese Mischung kalt stellen, bis sie fest genug ist, daß man sie mit einem Spritzbeutel auf die Radieschenhälften spritzen kann. Die verzierten Radieschen kalt stellen und vor dem Servieren mit Muskat bestreuen.
Zusammen 5,4 g KH

Ein echtes Hors d'œuvre!

Gefüllte Champignons

6 Portionen

225 g große Champignons
4 Eßl. Butter
1/8 Tasse gehackte Zwiebeln
1 Eßl. Hühnerfett oder Butter
115 g Geflügelleber
3 Eßl. Doppelrahm-Frischkäse
Salz und Pfeffer nach Geschmack
1 hartgekochtes, kleingehacktes Ei

Pilzstiele abtrennen und zerkleinern. Zusammen mit den gehackten Zwiebeln in Butter (leicht) bräunen. Die Pilzköpfe ebenfalls in Butter anbräunen und beiseite stellen.
Hühnerfett in einer Pfanne erhitzen und die Geflügelleber darin braten. Abkühlen lassen und kleinschneiden.
Nun den Rahmkäse mit den Leberstückchen sowie der Zwiebel-Pilz-Mischung verrühren. Salz und Pfeffer hinzufügen. Die gut gerührte Masse in die angebräunten Pilzköpfe füllen und mit dem kleingehackten Ei garnieren, dann servieren.
Zusammen 16,6 g KH
Pro Portion 2,8 g KH

Der Inhalt macht den Unterschied!

Rhabarber-Vorspeise

Für 1 Portion

1/2 Tasse Hüttenkäse
2 Eßl. Rhabarber-Erdbeer-Gelee (s. Register)

Gut mischen.
Zusammen 5,3 g KH

Eine süße Überraschung!

Mexikanische Mandeln ca. 320 Mandeln

450 g geschälte Mandeln
2 Eßl. Öl
1/4 Teel. Chilipuder
1 Teel. Salz
1 Prise Pfeffer

Die Mandeln etwa 5 Minuten in Öl braten. Auf Küchenkrepp gut abtropfen lassen und die Gewürze zugeben.
Zusammen 88,5 g KH

Bueno! Bueno! Bueno!

Geröstete Mandeln ca. 320 Mandeln

450 g geschälte, weiße Mandeln (süß)
1/2 Tasse Gemüseöl
Gewürzsalz nach Geschmack

Backofen auf 180° erhitzen.
Mandeln in eine große Backform füllen und mit Öl übergießen. Alle Mandeln sollten vom Öl bedeckt sein. Salz darüberstreuen. Unter gelegentlichem Umschütteln bei 180° im Ofen backen, bis die Mandeln hellbraun sind.
Zusammen 88,5 g KH

Für Fernsehfreunde!

Suppen

Bouillon »Ermunterung« 1 Portion

1 Tasse heiße Brühe
1 Ei
1 Spritzer Tabascosauce
1 Prise Salz

Ei im Mixer schaumig schlagen. Brühe zugeben.
Mit Tabasco und Salz erneut mixen. Heiß in Tasse servieren.
Zusammen 1,6 g KH

Probieren Sie – Sie werden es mögen!

Suppenklößchen 4 Portionen

1 Eßl. Butter
1 Ei plus 1 Eigelb
1/2 Tasse flüssige Schlagsahne
1/2 Teel. Gewürzsalz
Prise Muskatnuß
Hühnerbrühe

Das Oberteil eines Dampfkochtopfes mit Butter einreiben. Die Eier, Sahne, Salz und Muskat mit einer Gabel schlagen. Die Flüssigkeit in das Oberteil des Dampfkochtopfes gießen.
Über heißem, nicht kochendem Wasser etwa 45 Minuten ziehen lassen, bis sich die Masse gesetzt hat und fest geworden ist. Auf Alufolie abkühlen lassen und in Würfel schneiden. Diese in der heißen Hühnerbrühe servieren.
Zusammen 5,3 g KH
Pro Portion 1,3 g KH

Einfach köstlich!

Cremige Pilzsuppe 4 Portionen

225 g Pilze
115 g Butter
1 Liter Hühnerbrühe
1 Liter Rindfleischbrühe
2 Eßl. Sesamkörner (im Mixer gemahlen)
$^{1}/_{2}$ Teel. Salz
1 Tasse flüssige Schlagsahne
1 Eßl. Schnittlauchröllchen

Die Pilze in dünne Scheiben schneiden und in der Hälfte der Butter 5 Minuten braten. Die beiden Brühen vermischen. Die Pilze hinzugeben. Die restliche Butter in einer Pfanne schmelzen. Die gemahlenen Sesamkörner hinzufügen. Nach und nach unter ständigem Rühren Brühe dazugießen.
Dann die Sesammixtur in die übrige Brühe zurückgießen, salzen und auf kleiner Flamme 10 Minuten kochen.
Die Sahne dazugeben und rühren, bis alles gut vermischt ist.
Mit Schnittlauch garniert in Tassen servieren.
Zusammen 20,7 g KH
Pro Portion 2,1 g KH

Oh, dieser Pilzgeschmack!

Hüttenkäse in Cremesuppe 8 Portionen

1 feingehackte Zwiebel
1 Selleriestange
2 grüne Paprikaschoten
3 Eßl. Butter
1$^{1}/_{2}$ Teel. Salz
$^{1}/_{4}$ Teel. frischer weißer Pfeffer
$^{1}/_{2}$ Teel. Paprika

3 Tassen Wasser
1 Tasse Hüttenkäse
2 Stengel kleingehackte Petersilie
3 Streifen Speck knusprig gebraten

Selleriestange und Paprika werden kleingeschnitten und mit der Zwiebel in Butter gebraten, bis die Zwiebelwürfel goldbraun sind (10–15 Minuten).
Salz, Pfeffer, Paprika und Wasser hinzufügen, zudecken und auf kleiner Flamme 1 Stunde garen lassen.
Dann den Hüttenkäse dazugeben und mit dem Mixer bei mittlerer Geschwindigkeit glattrühren.
Sahne zufügen und nochmals erhitzen, aber nicht kochen.
Mit Petersilie und Speckstücken garnieren und heiß servieren.
Zusammen 22,4 g KH
Pro Portion 2,8 g KH

Etwas sehr Spezielles!

Zwiebel-Suppe 8 Portionen

2 große, kleingeschnittene Zwiebeln
115 g Butter
8 Tassen kochendes Wasser
8 Bouillonwürfel
2 Eßl. Worcestershire-Sauce
2 Teel. Saucenpulver
2 Teel. geriebener Parmesankäse

Die Zwiebeln in zerlassener Butter dünsten, bis sie braun zu werden beginnen.
Dann das kochende Wasser und die Bouillon hinzufügen, desgleichen Worcestershire-Sauce und Saucenpulver hinzufügen.

Die Suppe eine halbe Stunde lang auf kleiner Flamme kochen lassen, dabei gelegentlich umrühren. In Suppenschalen geben und mit Parmesankäse bestreuen.
Zusammen 40,1 g KH
Pro Portion 5,0 g KH

Besonders gut nach einer Nacht im Eisschrank!

Senegalesische Suppe 6 Portionen

2 gehackte Zwiebeln
2 Selleriestangen
1/4 Cantaloupe-Melone (Warzenmelone)
4 Eßl. Butter
1 Eßl. Curry
4 Tassen Brühe (evtl. aus Bouillon-Würfel)
1/2 Teel. Salz
1/8 Teel. Chilipulver
1/8 Teel. Cayennepfeffer
1 Tasse flüssige Schlagsahne
1 1/2 Tassen gekochtes, zerkleinertes Huhn
1/4 Avocado, zerkleinert

Cantaloupe-Melone schälen und in kleine Stücke schneiden. Mit zerkleinerten Selleriestangen und Zwiebeln in Butter bräunen, bis die Zwiebeln goldbraun sind. Das Currypulver darüberstreuen. Brühe und die Gewürze dazurühren und 5 Minuten erhitzen.
Im Mixer verrühren. Kühlstellen.
Kurz vor dem Servieren die Sahne und das kleingeschnittene Hühnerfleisch beigeben. Gut umrühren. In Suppenschalen verteilen und mit Avocado garnieren.
Zusammen 34,8 g KH
Pro Portion 5,7 g KH

Exotische Suppe!

Avocado-Cremesuppe Barbara 8 Portionen, je 1/2 Tasse

1 mittlere Avocado
2 Tassen flüssige Schlagsahne
1 Tasse Wasser
1/2 Teel. Selleriesalz
1/2 kleine, zerdrückte Knoblauchzehe
1/4 Teel. Gewürzsalz
8 Speckscheiben, knusprig gebraten

Avocado schälen und Kern entfernen. Die Frucht im Mixer zerkleinern und mit Sahne, Wasser, Selleriesalz, Knoblauch und den übrigen Gewürzen 15 Sekunden lang bei mittlerer Geschwindigkeit verrühren.
In Kasserolle gießen und bei mittlerer Flamme unter ständigem Rühren erhitzen, nicht kochen. Mit Speck garnieren.
Diese Suppe schmeckt sowohl warm als auch kalt.
Zusammen 29,7 g KH
Pro Portion 3,7 g KH

Ein eindrucksvoller erster Gang!

Gazpacho 6 Portionen

1/4 Teel. Knoblauchpulver
1 gehackte Zwiebel
4 Stengel Petersilie
2 Eßl. Weinessig
3 Eßl. Olivenöl
1/4 Teel. Cayennepfeffer
1/4 Teel. Salz
1 1/2 Tassen Hühnerbrühe
4 große Tomaten, geschält

2 Eßl. kleingeschnittene Salatgurke
2 Eßl. grünen Pfeffer, gehackt
2 Eßl. Schweineschwarten-Chips, zerdrückt

Alle Zutaten, außer den drei letzten, werden im Mixer glattgerührt.
Über Nacht kalt stellen. Vor dem Servieren in gekühlten Tassen mit einem Teelöffel kleingeschnittener Gurke, gehacktem Pfeffer und zerdrückten Schweineschwarten-Chips garnieren.
Zusammen 31,7 g KH
pro Portion 5,3 g KH

Andalusische Spezialität!

Italienische Knoblauchsuppe 4 Portionen

6 große Knoblauchzehen
2 Liter kochendes Wasser
1 Teel. Salz
1/4 Teel. Thymian
1/2 Teel. Salbei
1 Lorbeerblatt
2 Gewürznelken
1 Prise Safran
4 Eigelb
1/4 Tasse Olivenöl
Petersilienstengel

Knoblauch zerkleinern und mit Thymian, Salz, Salbei, Lorbeer, Nelken und Safran in das kochende Wasser geben. 30 Minuten kochen lassen.
Eigelb mit dem Schneebesen schlagen. Wenn es cremig fest geworden ist, Olivenöl teelöffelweise dazugeben und nach jeder

Zugabe wiederum tüchtig schlagen. Die Mischung mit dem Schneebesen unter die Suppe ziehen.
Die Suppe mit Petersilie bestreuen und sofort servieren.
Zusammen 6,0 g KH
Pro Portion 1,5 g KH

Würziges Süppchen!

Stracciatella 6 Portionen

450 g frischen oder 2 Pakete gefrorenen Spinat
2 Eßl. Butter
1¼ Teel. Salz
¼ Teel. weißen Pfeffer
⅛ Teel. Muskatnuß
4 Eigelb
¼ Tasse geriebener Parmesankäse
6 Tassen kochende Hühnerbrühe

Den Spinat 4 Minuten lang kochen und gut abtropfen lassen. Im Mixer oder durch ein Sieb pressen.
Butter in einer Kasserolle zerschmelzen lassen. Spinat, Salz, Pfeffer und Muskat hinzufügen und das Ganze unter ständigem Rühren auf kleiner Flamme 2 Minuten lang aufkochen lassen.
Eigelb und Parmesankäse gut vermischen, in die kochende Brühe geben und mit der Gabel verrühren. Die Spinatmischung beifügen. 5 Minuten sieden lassen und heiß servieren.
Zusammen 29,8 g KH
Pro Portion 5,0 g KH

Der Name ist das Komplizierteste daran!

Hummersuppe

6 Portionen

2 Tassen frisches Hummerfleisch (oder aus der Dose)
3 Eßl. Butter
3 Tassen flüssige Schlagsahne
1 Tasse Wasser
1/2 Teel. Salz
1/4 Teel. Zwiebelpulver
1/4 Tasse Sherry

Hummerfleisch in kleine Happen schneiden. Die Butter in einem Topf schmelzen lassen. Das Hummerfleisch hinzufügen und 5 Minuten bei niedriger Temperatur schmoren lassen. Sahne mit Wasser vermischen und unter ständigem Rühren in den Topf geben. Nicht kochen. Mit Salz und Zwiebelpulver würzen. Über Nacht in den Kühlschrank stellen.
Vor dem Servieren wieder erhitzen und den Sherry zufügen.
Zusammen 25,5 g KH
Pro Portion 4,2 g KH

Eines Gourmets würdig!

Japanische Eiercremesuppe

6 Portionen

1 Tasse Hühnerfleisch, gekocht oder eine gewürfelte Garnele
3 gewürfelte Eßkastanien (Maronen)
6 gewürfelte Champignons
2 zerkleinerte Schalotten
1 Eßl. Sherry
4 verquirlte Eier
1 Teel. Salz
3 Tassen Rindfleischbrühe
12 Spinat- oder Salatblätter

Backofen auf 150° vorheizen. Huhn oder Garnele, Eßkastanien, Champignons, Schalotten und Sherry gleichmäßig auf 6 feuerfeste Tassen verteilen.
Die verquirlten Eier mit Salz und Brühe verrühren. In die Tassen gießen und mit den Blättern bedecken.
Die Tassen in eine große Pfanne stellen, die einige Zentimeter hoch mit kochendem Wasser gefüllt ist. Die Pfanne zudecken und im Backofen bei 150° 30 Minuten lang überbacken.
Zusammen 26,2 g KH
Pro Portion 4,4 g KH

Eier und Käse

Die Zubereitung von Omeletts

Es gibt zwei verschiedene Arten von Omeletts. Das eine ist das normale französische Omelett, das andere das Schaumomelett. Der Unterschied liegt in der Zubereitung.
Beim normalen Omelett schlägt man das ganze Ei und brät es über direkter Hitze. Beim Schaumomelett dagegen wird das Eiweiß und das Eigelb gesondert geschlagen, beides vorsichtig zusammengerührt, kurz in der Pfanne gebraten und im vorgeheizten Backofen überbacken.
Mehr über das normale Omelett: Die richtige Pfanne ist sehr wichtig. Es sollte eine schwere Pfanne sein, etwa fünf Zentimeter tief, mit nach außen geneigtem Rand. Die Größe hängt ab von der Anzahl der Eier. 6 Eier sollten das Maximum pro Omelett sein.
Für ein Omelett von 2 bis 4 Eiern nehmen Sie am besten eine Pfanne von ca. 20 cm Durchmesser, für eines von 4 bis 6 Eiern eine Pfanne von 25 cm Durchmesser.
Fetten Sie die Pfanne ein, wenn Sie mit der Zubereitung der Omeletts beginnen. Lassen Sie die Pfanne so heiß werden, daß die Butter aufschäumt, ohne zu verbrennen. Wenn die Pfanne heiß genug ist, gießen Sie die geschlagenen Eier hinein.
Die Pfanne kippen, damit die Eier nach allen Seiten verlaufen können. Führen Sie einen Spatel am Rande entlang, um das Ansetzen zu verhindern und heben Sie das Omelett etwas an, so daß das noch nicht Festgewordene zu den Seiten läuft.
Diesen Vorgang wiederholen, bis die Masse erstarrt ist. Die gewünschte Füllung auf das Omelett geben und umfalten.
Sofort servieren.

Schaumomelett mit Marmelade 2 Portionen

1 Rezept für Schaumomelett (s. Register)
1 Teel. Vanille-Extrakt
2 Eßl. Heidelbeer-Himbeer-Marmelade (s. Register)

Rezept für Schaumomelett, nur beim Schlagen des Eigelbs Vanille zugeben. Vor dem Umfalten das Omelett mit Marmelade bestreichen.
Sofort servieren.
Zusammen 12,8 g KH
Pro Portion 6,4 g KH

Leicht und köstlich!

Schaumomelett 2 Portionen

4 Eier (Zimmertemperatur), Eiweiß und Eigelb getrennt
1/2 Teel. Backpulver
1/2 Teel. Salz
2 Eßl. Sahne
2 Eßl. Wasser
1 Eßl. Butter

Backröhre auf 150° vorheizen.
Eiweiß mit Backpulver und Salz schlagen, bis es steif ist.
Eigelb, Sahne und Wasser schlagen. Eigelbmischung vorsichtig unter das Eiweiß ziehen.
Butter in Pfanne erhitzen und Eimasse etwa 12 Minuten braten lassen. In die Backröhre stellen, bis obere Hälfte fest wird. Umfalten und sofort servieren.
Zusammen 4,4 g KH
Pro Portion 2,2 g KH

Mit vielen Variationen!

Käse-Omelett 2 Portionen

4 Eier
1/2 Tasse geriebener Cheddarkäse
1 Eßl. gehackte Petersilie

Folgen Sie dem Rezept für Schaumomelett (s. Register). Bevor das Omelett umgeklappt wird, den Käse und die Petersilie darüberstreuen.
Nach dem Falten noch 2 Minuten im Ofen lassen, damit der Käse schmilzt. Heiß servieren.
Zusammen 6,0 g KH
Pro Portion 3,0 g KH

Eine leichte Variation!

Speck und Zwiebel-Omelett 6 Portionen

9 Speckstreifen
1/4 Tasse zerkleinerte Zwiebeln

Speck in kleine Stücke schneiden und in kleiner Pfanne braten. Zwiebeln hinzugeben und braten, bis alles Fett ausgelassen. Fett abgießen.
Rezept für Schaumomelett (s. Register)
Speck und Zwiebeln auf eine Hälfte des Omeletts geben. Die andere Hälfte überklappen und eine weitere Minute im Ofen lassen. Sofort servieren.
Zusammen 10,1 g KH
Pro Portion 1,7 g KH

Die Zwiebeln machen den Unterschied!

Omelett mit Pfiff 4 Portionen

225 g geschnetzeltes Rindfleisch
225 g pikante Bratwurst
1 zerdrückte Knoblauchzehe
1/2 Tasse Olivenöl
1/2 Teel. Gewürzsalz
1 Teel. Kümmel
1 Teel. Tomatenmark
2 Spritzer Tabascosauce
6 Eier, schaumig geschlagen
2 Eßl. geriebener Parmesankäse

Backofen auf 170° vorheizen.
Schnitzel und Bratwurst in mundgerechte Stücke schneiden und mit Knoblauch in Olivenöl schmoren, bis die Bratwurst braun ist. Fett abgießen. Salz, Kümmel, Tomatenmark und Tabasco zufügen und gut verrühren. Abkühlen lassen.
Eier und Parmesankäse vermischen. Die Fleischmischung in eine feuerfeste Glasschüssel füllen und mit den Eiern übergießen. Im Backofen bei 170° etwa 45 Minuten überbacken.
Zusammen 11,0 g KH
Pro Portion 3,0 g KH

Käse-Zwiebel-Pastete 8 Portionen

1 große Zwiebel
2 Eßl. Butter
1 1/2 Tassen geriebener Cheddarkäse
1 Tasse flüssige Schlagsahne
1 Ei plus zwei Eigelb
1/2 Teel. Salz
1 Prise Paprika

Backofen auf 200° vorheizen.
Die Zwiebel in Scheiben schneiden und in Butter bräunen. Die Hälfte des Käses in eine gut gefettete Pfanne geben. Die Hälfte der gebratenen Zwiebel auf den Käse geben. Es folgt wieder eine Schicht Käse und zuletzt eine Schicht Zwiebeln.
Sahne, Eier, Salz und Paprika vermischen und die Sauce über den Käse gießen. Im Backofen 15 Minuten bei 200° backen, dann Temperatur auf 160° herunterschalten und eine weitere halbe Stunde backen.
Zusammen 31,7 g KH
Pro Portion 4,0 g KH

Leicht, billig – und köstlich!

Krabbenfleisch-Pilz-Omelett 6 Portionen

2 Eßl. Butter
1/2 Tasse dünn geschnittene Champignons
1 Eßl. zerkleinerte Zwiebeln
1/2 Tasse Krabbenfleisch
1 Eßl. Sherry
4 Eßl. Sahne
6 Eier

Butter in einer Pfanne erhitzen und Pilze und Zwiebeln leicht bräunen. Krabbenfleisch einrühren und 3 Minuten braten lassen. Sherry darübergeben und 1 weitere Minute ziehen lassen. Zuletzt die Sahne hinzufügen.
Schaumomelett mit 6 Eiern backen.
Die Hälfte der Krabbenfleisch-Pilz-Mischung auf das Omelett geben, eine Hälfte über die andere schlagen. Den Rest auf die obere Hälfte verteilen.
Zusammen 12,0 g KH
Pro Portion 2,0 g KH

Florentiner Eier 6 Portionen

2 Tassen gekochter frischer Spinat oder ein Paket tiefgefrorener Spinat
6 Eier
Salz nach Geschmack
Käse-Sauce (s. Register)

Backofen auf 180° vorheizen.
Spinat kochen, abtropfen lassen und fein hacken.
Heißen Spinat in flache feuerfeste Schüssel geben. Mit dem Löffel Vertiefungen in den Spinat drücken und in jede Vertiefung ein aufgeschlagenes Ei geben. Mit Salz bestreuen. Käse-Sauce bereiten und über Spinat und Eier gießen.
Bei 180° etwa 25 Minuten überbacken.
Zusammen 35,6 g KH
Pro Portion 6,0 g KH

Käse-Soufflé 8 Portionen als Vorspeise, 4 Portionen als Hauptgericht

3 Eßl. Butter
1 Teel. Sojamehl
1 Tasse flüssige Schlagsahne
1/4 Tasse Wasser
1/2 Teel. Gewürzsalz
1 Prise Cayennepfeffer
1 Teel. Dijon-Senf
1/2 Teel. scharfer Senf
1/2 Tasse geriebener Schweizer Käse
1/3 Tasse geriebener Parmesankäse
1/2 reifer Camembert
2 Eßl. saure Sahne

2 Eßl. trockenen Sherry
4 Eigelb
6 Eiweiß (Zimmertemperatur)

Backofen auf 190° vorheizen.
Bereiten Sie Ihre Auflaufform oder eine feuerfeste Schüssel als Souffléform vor, indem Sie einen ca. 8 cm breiten Alufolie-Streifen an der Außenseite um die Form herum mit einer Schnur befestigen, daß er oben einige Zentimeter überragt. Die Innenseite der Form und der Folie mit Butter oder Margarine auspinseln.
Die Butter in einem Topf bei mittlerer Hitze schmelzen, vom Ofen nehmen und mit dem Schneebesen schlagen, wobei Sie das Sojamehl hinzufügen. Wasser und Sahne zusammen in einem separaten Topf kurz aufkochen und ebenfalls zugeben, danach Salz, Pfeffer, Senf und Käse (vom Parmesankäse nur die Hälfte). Kräftig schlagen, bis die Masse sämig ist. Jetzt kommen saure Sahne und Sherry dazu und danach unter ständigem Schlagen nacheinander die Eigelbe. Den Topf zur Seite stellen.
Das Eiweiß steif schlagen und die Käsemischung vorsichtig unter den Eischnee ziehen, damit dieser nicht zusammenfällt. Füllen Sie die Masse nun in die Souffléform und streuen Sie den restlichen Parmesankäse darüber.
Backen Sie das Soufflé ungefähr 1 Stunde bei 190° im Backofen oder bis sich eine feste, hellbraune Kruste darauf gebildet hat. Sofort anrichten.
Pro Portion als Vorspeise 2,8 g KH
Pro Portion als Hauptgericht 5,7 g KH

So köstlich, daß der Aufwand sich lohnt!

Ei Foo Yung 6 Portionen

2 feingehackte Zwiebeln
2 grüne Paprikaschoten, zerkleinert
6 Scheiben Frühstücksspeck, in Stücke geschnitten
1 450-g-Dose Sojabohnensprößlinge
6 Eier, schaumig geschlagen
Salz und Pfeffer nach Geschmack
3 Eßl. Erdnußöl (evtl. Erdnußbutter)

Alle 6 Zutaten zusammen schlagen. Öl in der Pfanne heiß machen. Die Mischung eßlöffelweise in die Pfanne geben und jeweils auf beiden Seiten bräunen.
Mit Senfsauce (s. Register) servieren.
Zusammen 36,7 g KH
Pro Portion 6,1 g KH

Für alle, die Eier auf chinesisch mögen!

Köstliche Pfannkuchen 2 Portionen

225 g Rinderhack
3 Eigelb, leicht geschlagen
1 Teel. Zitronensaft
1 Eßl. geriebene Zwiebel
1/2 Teel. Selleriesamen
1/2 Teel. scharfer Senf
1/4 Teel. Backpulver
1/2 Teel. Salz
Prise Pfeffer
3 Eiweiß
Öl

Die ersten neun Zutaten gut vermischen.
Eiweiß steif schlagen und die Fleischmischung vorsichtig unterziehen.
Eine leicht geölte Bratpfanne erhitzen, die Mischung mit dem Eßlöffel in die Pfanne geben und die Pfannkuchen auf beiden Seiten backen. Rand der Pfannkuchen hin und wieder anheben, um zu sehen, ob sie schon gebräunt sind.
Diese Pfannkuchen schmecken mit oder ohne Sauce.
Besonders köstlich sind sie mit Pilz-Sauce (s. Register).
Zusammen 2,8 g KH
Pro Portion 1,4 g KH

Wie der Name schon sagt!

Pilze, Zwiebeln und Eier 3 Portionen

225 g Champignons, geschnitten
1 kleine gehackte Zwiebel
4 Eßl. Butter
Gewürzsalz nach Geschmack
6 Eier
2 Eßl. flüssige Schlagsahne

Die Champignons und Zwiebeln in der Butter bräunen und würzen.
In der Zwischenzeit Eier und Sahne schlagen, die Mischung über die Pilze und Zwiebeln geben und verrühren. Stocken lassen, bis die Eier fest sind.
Sofort servieren.
Zusammen 18,1 g KH
Pro Portion 6,0 g KH

Einfach probieren!

Eier und Schweizer Käse 2 Portionen

115 g Schweizer Käse in Scheiben
4 Eier
1/8 Teel. Muskatnuß
1/8 Teel. Kümmel
1/2 Teel. Gewürzsalz
2 Eßl. Butter
1/4 Tasse flüssige Schlagsahne
Cayennepfeffer

Backofen auf 200° vorheizen.
Die Hälfte der Käsescheiben auf den Boden einer Auflaufform legen.
Die Eier schaumig schlagen, die Gewürze zugeben und die Masse in die Auflaufform füllen. Den restlichen Käse darüberlegen, mit Butterflöckchen garnieren, die flüssige Sahne darübergießen und mit Cayennepfeffer bestäuben. Bei 200° 15 Minuten im Ofen backen.
Zusammen 9,4 g KH
Pro Portion 4,7 g KH

Rührei in Käsesauce mit Würstchen 6 Portionen

12 Bratwürstchen
85 g Doppelrahm-Frischkäse
1 Eßl. Butter
3/4 Tasse Sahne
1/4 Tasse Wasser
1 Teel. Gewürzsalz
1 Teel. Petersilie
8 Eier, geschlagen

Die Würstchen in einer Bratpfanne bräunen und abtropfen lassen.
Käse und Butter im Oberteil eines Dampfkochtopfes über siedendem (nicht kochendem) Wasser erhitzen. Sahne, Wasser, Gewürzsalz und Petersilie hinzufügen und die verquirlten Eier mit der Gabel dazurühren. Stocken lassen, bis die Eier fest geworden sind.
Zusammen 15,9 g KH
Pro Portion 2,6 g KH

Schmeckt zum Frühstück, Mittag und zum Abendessen!

Käse-Pfannkuchen 6 Portionen

1 Tasse Hüttenkäse
6 Eier
3 Eßl. Sojapulver
3 Eßl. geschmolzene Butter
Salz nach Geschmack
Öl

Alle Zutaten außer dem Öl im Mixer verrühren. Öl in der Pfanne erhitzen. Käsemischung eßlöffelweise in die Pfanne geben. Auf beiden Seiten bräunen.
Mit Blaubeer-Marmelade (s. Register) servieren.
Zusammen 22,2 g KH
Pro Portion 3,5 g KH

Herrlich, um den Tag zu beginnen oder zu beenden!

Liste empfehlenswerter Markenprodukte

Viele dieser aufgezählten Milchprodukte können Sie gerade für unsere Eier- und Käsegerichte gut verwenden. Sie enthalten selbstverständlich so wenig Kohlehydrate wie möglich:

	Kohlehydrate pro 100g
Adler Cheesy natur	2,0
Adler Cheesy mit Meerrettich	2,0
Adler Cheesy mit Pfeffer	2,0
Adler Cheesy herzhaft gewürzt	2,0
Champignon »Schlank und schmeckt« Weichkäse	0,5
Kraft Jocca Cottage Cheese	3,0
Kraft Doppelrahm Frischkäse	1,0
Kraft Doppelrahm Kräuter Frischkäse	1,0
Niederländischer Gouda	3,0
Niederländischer Edamer	3,0
Gervais Danone, Gervais	2,0
Gervais Danone, Gervais neu	1,9
Gervais Danone, Hüttenkäse	1,8

Fleisch

Schinken-Ei-Frikadellen 12 Frikadellen

1/4 Tasse Sojamehl
85 g Wasser
1 verquirltes Ei
1/4 Teel. Backpulver
1/4 Teel. Gewürzsalz
3 hartgekochte Eier
2 Scheiben gekochten Schinken
2 Eßl. Olivenöl
10 Eßl. Senfsauce (s. Register)

Sojamehl in eine Schüssel schütten und nach und nach das Wasser unter ständigem Umrühren hinzufügen. Verquirltes Ei, Backpulver und Salz unterrühren.
Schinken und hartgekochte Eier kleinhacken und zur Sojamischung geben und gut verrühren.
Öl in einer Bratpfanne sehr heiß werden lassen und die Mischung eßlöffelweise in die Pfanne geben. Erst auf einer Seite bräunen, dann umwenden. Die fertigen Frikadellen auf Küchenkrepp gut abtropfen lassen.
Sofort mit Senfsauce servieren oder kalt stellen und später in Alufolie bei 180° 10 Minuten im Ofen aufwärmen.
Zusammen 26,2 g KH
Pro Frikadelle 2,2 g KH

Schinken-Auflauf 4 Portionen

2 Eßl. geschmolzene Butter
1 Tasse flüssige Schlagsahne, aufgekocht
4 Eigelb
2 Tassen kleingeschnittenen Schinken
Gewürzsalz
Muskatnuß
6 Eiweiß

Backofen vorheizen auf 180°.
Soufflé- oder Auflaufform vorbereiten (s. Register).
Die geschmolzene Butter und die heiße Sahne verrühren im Oberteil eines Dampfkochtopfes. Die 4 Eigelb zugeben und mit dem Mixstab 5 Minuten schlagen, bis die Mischung sämig wird. Schinken zugeben und abkühlen lassen. Mit Salz und Muskatnuß würzen.
Eiweiß in einer großen Schüssel schlagen, bis es sehr steif ist, und mit der gekühlten Mischung vorsichtig vermengen.
In gebutterter Auflaufform bei 180° 25 Minuten backen.
Zusammen 9,1 g KH
Pro Portion 2,3 g KH

Köstlich leicht!

Schinken-Spargel-Röllchen in Sauce 12 Röllchen

24 Stangen Spargel
12 Scheiben gekochter Schinken

Käse-Sauce

3/4 Tasse Sahne
1/3 Tasse Wasser
340 g oder 1 1/2 Tassen zerkleinerter Cheddarkäse
1 Teel. Senf
1 Teel. Salz
1/2 Teel. Paprika

Backofen vorheizen auf 180°.
Jeweils 2 Stangen gekochten Spargel in eine Schinkenscheibe wickeln und mit Spießchen feststecken.
Die Rollen in eine Auflaufform oder feuerfeste Glasform legen und beiseite stellen.

Die Zutaten zur Käse-Sauce in das Oberteil des Dampfkochtopfes geben und unter ständigem Rühren langsam sieden lassen, bis die Sauce glatt ist.
Käse-Sauce über die Schinkenröllchen gießen. Die Form zudecken und etwa 15 bis 20 Minuten im Backofen bei 180° erwärmen.
Zusammen 25,2 g KH
Pro Portion 2,1 g KH

Ungarische Schinken-Pfannkuchen 2 Portionen

1 Rezept Pasta (s. Register)

Schinkenfüllung

225 g gekochten Schinken, zerkleinert
1 Eigelb
1/2 Tasse saure Sahne
1/4 Teel. Paprika
1 Teel. Butter

Backofen auf 180° vorheizen.
Backen Sie nach dem Pasta-Rezept kleine Pfannkuchen.
Für die Schinkenfüllung alle Zutaten bis auf die Butter vermengen.
Geben Sie jeweils einen gehäuften Eßlöffel der Schinkenfüllung auf die Pfannkuchen, die Sie in einer leicht gefetteten feuerfesten Glasform übereinanderschichten. Die Butter auf den obersten Pfannkuchen.
Zuletzt im Backofen bei 180° etwa 25 Minuten backen. Zum Servieren halbieren.
Zusammen 6,0 g KH
Pro Portion 3,0 g KH

Mahlzeit aus Schweinskotelett 6 Portionen

12 kleine Schweinskoteletts
Salz und Pfeffer nach Geschmack
2 Eßl. Pflanzenöl
2 Eßl. Olivenöl
1 zerdrückte Knoblauchzehe
450 g Champignons, in Scheiben geschnitten
1 1/2 Tassen heiße Hühnerbrühe
1/2 Tasse trockenen Rotwein
1 Lorbeerblatt
1/4 Tasse saure Sahne

Den Backofen auf 180° vorheizen.
Die Koteletts mit Salz und Pfeffer bestreuen. Das Pflanzenöl erhitzen und die Koteletts auf beiden Seiten bräunen. Dann warm stellen.
Geben Sie Olivenöl in eine Pfanne und braten Sie die Zwiebel, Knoblauch und Pilze, bis die Zwiebel goldgelb ist. Die Hühnerbrühe, Wein und Lorbeerblatt dazugeben und das Ganze 3 Minuten kochen lassen.
6 Koteletts in eine Kasserolle legen und mit der Hälfte der Gemüsemischung bedecken. Darauf eine neue Lage Koteletts schichten und mit der restlichen Mischung bedecken. Kasserolle gut zudecken und 1 1/2 Stunden bei 180° im Backofen braten.
Wenn gewünscht, gießen Sie vor dem Anrichten die saure Sahne darüber.
Zusammen 36,9 g KH
Pro Portion 6,2 g KH

Ein köstliches Hauptgericht!

Paniertes Kalbsschnitzel in Weinsauce 6 Portionen

$1/2$ Tasse geriebenen Parmesankäse
$1/4$ Teel. Knoblauchpulver
$1/4$ Teel. Oregano
6 Kalbsschnitzel
2 verquirlte Eier
4 Eßl. Butter
$1/2$ Tasse Hühnerbrühe
4 Eßl. trockenen Weißwein
6 Zitronenscheiben

Käse, Knoblauch und Oregano vermischen. Wenden Sie die Schnitzel zuerst im Käse, dann im verquirlten Ei und wieder im Käse. Achten Sie darauf, daß das Fleisch gut paniert ist. Erhitzen Sie die Butter in einer Bratpfanne und bräunen Sie die Schnitzel auf beiden Seiten. Das Fleisch aus der Pfanne nehmen und warm stellen. Wein und Brühe in die Pfanne geben und etwa 1 Minute kochen lassen. Die Flüssigkeit über die warmen Schnitzel gießen und mit Zitronenscheiben garnieren.
Zusammen 4,6 g KH
Pro Portion 0,8 g KH

Wenn Sie Käse mögen, können Sie diese Ei-Käse-Panierung für fast alle Fleisch- oder Geflügelsorten verwenden!

Kalbsbraten 6 Portionen

Ca. 2 kg Kalbsbraten (Keule, Lende, Hüfte, Schulter oder Brust)
1 zerkleinerte Knoblauchzehe
5–6 Anchovis (nach Belieben)
3 Eßl. Öl
4 Eßl. gehackte Zwiebel
2 Selleriestangen, gewürfelt
$1/2$ Tasse Weißwein oder Brühe

Backofen auf 160° vorheizen.
Den vom Metzger vorbereiteten Kalbsbraten an einigen Stellen leicht anschneiden und Knoblauch und Anchovis einfüllen. Mit gesalzenem Speck bedecken.
In einem Bratentopf Öl erhitzen und das Fleisch anbräunen. Die Zwiebel, den gewürfelten Sellerie und Wein oder Brühe hinzugeben und zugedeckt bei 160° im Backofen garen lassen. Von Zeit zu Zeit mit Fett übergießen. Rechnen Sie pro Pfund etwa 1/2 Stunde Bratzeit.
Den Braten aus dem Bratentopf nehmen und 10 Minuten setzen lassen, damit er sich leichter schneiden läßt. Das Fleisch mit der Bratensauce übergießen, aus der Sie zuvor die Speckstücke und das Gemüse entfernt haben.
Am nächsten Tag kalt in Scheiben servieren mit Vinaigrette-Sahne-Dressing (s. Register) oder mit Dressing nach Art des Hauses (s. Register).
Zusammen 16,0 g KH
Pro Portion 2,4 g KH

Kalbfleisch und Avocado 4 Portionen

675 g Kalbsschnitzel
4 Eßl. Butter
1/2 Tasse Hühnerbrühe
4 Tropfen Zitronensaft
2 Teel. Petersilie
Salz nach Geschmack
1 kleine Dose Garnelen
1/2 Avocado, in dünne Scheiben geschnitten

Das Fleisch am Rand an 2 oder 3 Stellen einschneiden, damit es sich beim Braten nicht einrollt. In Pfanne geben und in 3 Eßlöffel Butter gut bräunen. Aus der Pfanne nehmen und warm stellen.

Die Hühnerbrühe in die Pfanne geben. Unter ständigem Rühren bis auf die Hälfte einkochen lassen und Zitronensaft, Petersilie und Salz hinzufügen.
Lassen Sie die Garnelen in 1 Eßlöffel Butter etwa 5 Minuten braten, und rühren Sie dabei ständig um. Zum Schluß gießen Sie die Hühnerbrühe über das Fleisch und legen die Garnelen oben auf. Mit den Avocado-Scheiben garnieren.
Zusammen 13,3 g KH
Pro Portion 3,3 g KH

Meisterliche Kalbs-Scaloppine 6 Portionen

675 g Kalbfleisch
in dünne, ca. 1 cm breite Streifen geschnitten
Gewürzsalz nach Geschmack
6 Eßl. Butter
1/4 Tasse Weinbrand (über 40 %)
1 Tasse Hühnerbrühe
1/4 Tasse Chablis
2 Eßl. trockener Sherry
450 g Champignons
2 geschälte Tomaten
1 Teel. Knoblauchpulver
1/2 Tasse geriebenen Schweizer Käse
1/4 Tasse geriebenen Parmesankäse

Fleisch mit Gewürzsalz bestreuen. 4 Eßl. Butter in Pfanne schmelzen und Fleisch in der Butter anbraten, bis es braun ist.
Weinbrand erhitzen und anzünden. Über das Fleisch gießen. Das Fleisch aus der Pfanne nehmen und warm stellen. Hühnerbrühe, Chablis und Sherry in die Pfanne geben und bis auf die Hälfte verkochen lassen. Fleisch erneut in die Pfanne geben, 10 Minuten lang schmoren und warm stellen.

Die Champignons in Scheiben schneiden und in 2 Eßlöffel Butter bräunen. Die geschälten Tomaten und das Knoblauchpulver beigeben und 5 Minuten garen.
Die Pilzmischung in eine Auflaufform geben. Das Fleisch hinzufügen und mit Weinsoße bedecken. Den geriebenen Schweizer und Parmesankäse darüberstreuen.
Unter dem Grill überbacken, bis der Käse braun und blasig ist.
Sofort servieren.
Zusammen 40,5 g KH
Pro Portion 6,7 g KH

Man sollte nicht glauben, wie gut »meisterlich« sein kann!

Scaloppine à la Guido 6 Portionen

900 g milchgefüttertes Kalbfleisch, zu Scaloppini geschnitten
3 Eßl. Olivenöl
3 Eßl. gewürfelte Zwiebel
2 Tassen roter Burgunder Wein

Scaloppini mit dem Holzhammer klopfen, bis die Fasern gebrochen sind.
Erhitzen Sie das Öl in einer großen Pfanne und braten Sie die Zwiebeln leicht braun. Zwiebeln an den Rand der Pfanne schieben.
Nun das Fleisch hineinlegen und auf beiden Seiten etwa 5 Minuten braten.
Mit Burgunder übergießen und ungefähr 12 Minuten schmoren lassen, bis die Sauce braun wird.
Zusammen 8,6 g KH
Pro Portion 1,3 g KH

Ungarischer Kalbstopf 4 Portionen

3 Scheiben Speck, in Würfel geschnitten
3 Eßl. Butter
1 Eßl. gehackte Zwiebeln
1/2 Tasse in Scheiben geschnittene Champignons
900 g Kalbfleisch, in Würfel geschnitten
1/2 Tasse Wasser oder Brühe
1 Tasse saure Sahne
1 Teel. Salz
1/4 Teel. Paprika

Den Backofen auf ca. 125° vorheizen.
Butter, Speck, Zwiebeln und Pilze in eine Pfanne geben und langsam anbraten, bis der Speck und die Zwiebeln leicht gebräunt sind.
Speck, Zwiebeln und Champignons aus der Pfanne nehmen und in eine feuerfeste Glasform füllen, Speckfett und Butter in der Pfanne zurücklassen.
Nun das Fleisch in der Pfanne von allen Seiten gut anbraten, herausheben und zu den übrigen Zutaten in die Glasform geben.
Zu dem in der Pfanne verbliebenen Fett Wasser, saure Sahne, Salz und Paprika hinzufügen, bis zum Aufkochen erhitzen und dann über die Fleischmischung gießen. Die Form zudecken und in den Backofen stellen.
Das Gericht bei 125 bis 150° ungefähr eine Stunde lang garen, bis das Fleisch beim Einstechen mit einer Gabel zart und weich ist.
Zusammen 17,4 g KH
Pro Portion 4,3 g KH

Für Leute mit großem Hunger!

Schweinebraten 6 Portionen

Ca. 2 kg Schweinebraten (Keule oder Schulter)
1 große Knoblauchzehe, feingehackt
Salz und Pfeffer nach Geschmack

Backofen auf ca. 180° vorheizen.
Das Fleisch mit einem feuchten Tuch abwischen. Überflüssige Fettränder abschneiden.
Einen kleinen Einschnitt in das Fleisch machen und diesen mit Knoblauch füllen, danach mit Salz und Pfeffer würzen.
Das Fleisch mit der fetten Seite nach oben in die Bratenpfanne geben und bei 180° im Backofen garen. Garzeit 30 bis 45 Minuten pro Pfund. Das Fleisch sollte gräulich-weiß aussehen.
Gesamtmenge minimal

Ländlicher Eintopf 8 Portionen

4 Eßl. Pflanzenol
1350 g Schmorfleisch (Kamm, Schulter oder Lende)
4 Eßl. gehackte Zwiebeln
4 Tassen Wasser
3 Suppenknochen
2 Teel. Salz
1/2 Tasse gewürfelte gelbe Kohlrüben
1/2 Tasse gewürfelte grüne Paprika
1/2 Tasse in Würfel geschnittene Auberginen
1 Tasse gewürfelte Zucchini
4 Eßl. Tomatensauce aus der Dose oder pürierte frische Tomaten, ungewürzt
1 Tasse Spinat

Öl in einem großen schweren Topf erhitzen. Das Fleisch hineingeben und von allen Seiten gut anbräunen. Dann auf eine

Seite des Topfes schieben und die Zwiebeln hinzufügen und fünf Minuten anbraten.
Jetzt geben Sie Wasser, Salz und Suppenknochen dazu und lassen das Ganze zwei Stunden leicht kochen.
Danach Paprika, Auberginen und Zucchini zufügen und weitere 10 Minuten kochen lassen. Tomatensauce und Spinat langsam dazugeben und nochmals 7 Minuten aufkochen.
Zusammen 43,9 g KH
Pro Portion 5,4 g KH

Ein Lieblingsgericht für Kinder und Erwachsene. Es wärmt Sie selbst an eisigkalten Wintertagen!

Opulentes Lamm 4 Portionen

8 Lammkoteletts
Knoblauchpulver
2 Eßl. Butter
2 Eßl. Worcestershire-Sauce
2 Eßl. Zitronensaft
2 Eßl. Gin
1 Teel. Gewürzsalz

Die Lammkoteletts mit etwas Knoblauchpulver einreiben. Butter zergehen lassen und Worcestershire-Sauce hinzugeben, dann Zitronensaft, Gin und Salz daruntermischen.
Diese Mischung über die Lammkoteletts schütten und diese 15 Minuten darin liegen lassen. Dann die Koteletts aus der Marinade nehmen und in der gewünschten Weise grillen.
Zusammen 2,8 g KH
Pro Portion 0,7 g KH

Sie werden sich wundern, was eine Marinade ausmacht!

Lamm, geliebtes Lamm 4 Portionen

1350 g Lammschulter in einem Stück ohne alles Fett
1 Teel. gemahlenen Ingwer
3 Eßl. Sojasauce
2 Teel. Worcestershire-Sauce
1 kleine grüne Paprikaschote, gesäubert und in Scheiben geschnitten
1/2 Zwiebel, in dünnen Scheiben
1 große zerdrückte Knoblauchzehe
Süßstoff entsprechend 1 Teel. braunen Zucker
6 Eßlöffel pikante Blaubeermarmelade (siehe Register)

Backofen auf 175° vorheizen.
Nachdem Sie den Knochen aus dem Hammelfleisch herausgenommen haben, reiben Sie es mit Ingwer, Soja-Sauce und Worcestershire-Sauce ein. Dann legen Sie es in eine Bratenpfanne und fügen Paprika, Zwiebeln und Knoblauch hinzu. Drehen Sie das Fleisch gelegentlich um, stellen Sie es dann über Nacht in den Kühlschrank.
Vor dem Zubereiten wieder auf Zimmertemperatur bringen, Paprika, Zwiebeln und Knoblauch entfernen. Dann den Süßstoff darüberstreuen und mit der pikanten Blaubeermarmelade bestreichen.
1 1/4 Stunde im vorgeheizten Backofen bei 180° braten.
Zusammen 20,0 g KH
Pro Portion 5,0 g KH

Gebratene Lammkeule 4 Portionen

Ca. 2kg Lammkeule
1 große Knoblauchzehe, kleingehackt
4 Eßl. milden Senf
Salz und Pfeffer nach Geschmack

Backofen auf 230° vorheizen.
Wischen Sie das Fleisch mit einem feuchten Tuch ab. (Lammbraten hat im allgemeinen eine dicke Fettschicht. Sie sollten diese vom Fleischer entfernen lassen, oder es mit einem scharfen Messer selber machen.)
Schneiden Sie kleine Öffnungen in das Fleisch und füllen Sie diese mit dem kleingehackten Knoblauch. Dann bestreichen Sie das Fleisch mit Senf und würzen es gut mit Salz und Pfeffer. Legen Sie das Fleisch mit der fetteren Seite nach oben in eine flache Bratenpfanne. Schalten Sie die Temperatur des Backofens auf 160°, bevor Sie das Fleisch in den Ofen schieben. Braten Sie das Fleisch ca. 30 Minuten pro Pfund (oder 20 Minuten, falls Sie es nicht so durchgebraten mögen).
Vor dem Servieren aufschneiden und mit dem Bratensaft übergießen.
Zusammen 4,7 g KH
Pro Portion 1,2 g KH

Griechisches gefülltes Lamm 8 Portionen

2 Eßl. Butter oder Margarine
450 g Kalbs- oder Rinderhack
3 Eßl. gehackte Zwiebeln
1 kleingehackte Knoblauchzehe
1/2 Tasse Weißwein
1 250-g-Dose Tomatensauce
1 Eßl. Dill
1 Eßl. gehackte Petersilie
1/2 Tasse geriebenen Parmesankäse
Salz und Pfeffer nach Geschmack
1 Lammkeule oder Brust, vom Knochen gelöst und flachgeschnitten

Backofen auf ca. 150° vorheizen.

Lassen Sie in einer schweren Pfanne einen Eßlöffel Butter zergehen und braten Sie darin das Hackfleisch, Zwiebeln und Knoblauch an.
Gießen Sie langsam Wein dazu und lassen ihn 2 Minuten lang aufkochen. Tomatensauce, Dill und Petersilie hinzufügen, 10 Minuten lang auf Mittelhitze kochen lassen, bis die Flüssigkeit eingekocht ist. Vom Herd nehmen, Fett abschöpfen und mit Parmesankäse, Salz und Pfeffer würzen.
Das Lammfleisch mit einem feuchten Tuch abwischen und mit Salz und Pfeffer bestreuen.
Die Hackfleischmischung daraufgeben und das Lammfleisch sorgfältig mit der Füllung aufrollen und mit Spießchen oder Zwirn befestigen. In einer mittelgroßen Bratpfanne 1 Eßl. Butter zerlassen, die Lammrolle hineinlegen und auf Mittelhitze anbraten.
Dann bei 150° in den Backofen schieben und 2 Stunden schmoren lassen, bis das Fleisch zart ist. (Wenn es Ihnen etwas zu trocken erscheint, geben Sie 2 bis 3 Eßlöffel Wasser in die Bratenpfanne.)
Zusammen 29,5 g KH
Pro Portion 3,5 g KH

Lamm mit Zucchini 4 Portionen

4 Eßl. Butter oder Margarine
900 g Lammfleisch in Würfeln von ca. 5 cm
2 Eßl. gehackte Zwiebeln
1 Knoblauchzehe (nach Belieben)
1½ Tassen und 2 Eßl. Wasser
Salz und Pfeffer nach Geschmack
450 g in Scheiben geschnittene Zucchini
1 Teel. Kümmel
1 Ei
2 Eßl. Zitronensaft

Butter oder Margarine in einem mittelgroßen Topf zergehen lassen, das vorbereitete Lammfleisch darin anbraten, bis es leicht gebräunt ist.
Zwiebeln und Knoblauch hinzugeben und weitere 5 Minuten braten. 1/2 Tasse Wasser, Salz und Pfeffer hinzufügen und 45 Minuten köcheln lassen, bis die Flüssigkeit verschmort ist.
Zucchini, Kümmel, eine 3/4 Tasse Wasser dazugeben und weitere 45 Minuten köcheln lassen, bis die Flüssigkeit wieder eingekocht ist.
Für die Sauce wird das Ei in einer Schüssel mit 2 Eßlöffeln Wasser und dem Zitronensaft verquirlt. Etwas Bratensaft einrühren und die Sauce noch einmal gut mixen, bevor sie über das Lammfleisch gegeben wird, nicht umrühren.
Den Topf auf schwach erhitzter Kochplatte leicht schütteln, bis die Sauce sich einzudicken beginnt.
Zusammen 21,0 g KH
Pro Portion 5,2 g KH

Statt Zucchini können Sie auch Auberginen nehmen!

Moussaka 6 Portionen

3 Eßl. Butter
1 große Zwiebel, fein geschnitten
1/2 Tasse gehackte Champignons
1 Teel. Salz, Pfeffer
675 g Tatar
1 gehackte Knoblauchzehe
1 250-g-Dose Tomatensauce
1/2 Tasse Wasser
1/4 Teel. Muskatnuß
1 mittelgroße Aubergine, geschält und in dünne Scheiben geschnitten
1/2 Tasse Pflanzenöl
1/2 Tasse geriebenen Parmesankäse

Backofen auf 180° vorheizen.
Die Butter in einer großen Pfanne erhitzen. Zwiebeln und Champignons mit Salz bestreuen und in der Butter anbraten. Hackfleisch und Knoblauch hineingeben und unter gelegentlichem Umrühren braten, bis sie gebräunt sind (etwa 10 Minuten). Tomatensauce, Wasser und Muskatnuß dazugeben, 15 Minuten köcheln lassen.
Währenddessen bereiten Sie die Aubergine vor: Schälen, in Scheiben schneiden und in eine Schüssel mit kaltem Wasser legen. Einen Teller daraufdecken und die Aubergine 10 bis 15 Minuten lang einweichen lassen. Dann gut abtrocknen.
Pflanzenöl sehr heiß werden lassen. Die Auberginenscheiben auf beiden Seiten braten, bis sie glasig sind. Auf Küchenkrepp abtropfen lassen.
Die Hälfte der Auberginenscheiben in eine Auflaufform schichten, dann die Hälfte der Fleischmischung daraufgeben, die Schichten wiederholen. Parmesankäse darüberstreuen und 30 Minuten lang bei 150° im Ofen überbacken.
Zusammen 39,9 g KH
Pro Portion 6,8 g KH

Griechisch ist immer delikat!

Käsesteak 6 Portionen

1 Teel. Ingwerpulver
1 Teel. Gewürzsalz
1/2 Teel. scharfen Senf
Süßstoff entsprechend 1/3 Tasse braunem Zucker
1350 g Steak
3/4 Tasse Sojasauce (ohne Zucker)
2 Knoblauchzehen
Roquefort

Alle Zutaten außer dem Käse in eine Glas- oder Tonschüssel geben. Für 24 Stunden in den Kühlschrank stellen. Dann das Steak aus der Marinade nehmen und grillen.
Kleine Käsestückchen auf das Steak geben, und je nach Geschmack noch einmal kurz überbacken oder so servieren.
Zusammen 9,0 g KH
Pro Portion 1,5 g KH

Ein ausgesprochen neuer Wohlgeschmack!

Bœuf Stroganoff 6 Portionen

3 mittlere gehackte Zwiebeln
225 g Champignons in Scheiben
115 g Butter
675 g Steak, in fingergroße Streifen geschnitten
1/8 Teel. Estragon (getrocknet)
2 Teel. scharfer Senf
1 1/2 Teel. Gewürzsalz
1/2 Tasse saure Sahne
1 Eßl. trockenen Sherry
1 Lorbeerblatt
Schnittlauch

Zwiebeln und Champignons in Butter anbraten, bis sie goldgelb und weich sind, dann in eine Kasserolle füllen.
Dann das Fleisch in der restlichen Butter anbräunen, aber nicht durchbraten und zu dem Zwiebel-Champignon-Gemisch in die Kasserolle geben. Zum Bratensatz in der Pfanne fügen Sie den Estragon, Senf, das Salz, 1 Eßlöffel saure Sahne und den Sherry. Gut umrühren und über das Gemisch in der Kasserolle geben. Noch einmal durchrühren, bis alle Zutaten miteinander vermischt sind. Das Lorbeerblatt dazugeben und das Ganze 25 Minuten bei schwacher Hitze köcheln lassen.

Das Lorbeerblatt herausnehmen, die restliche saure Sahne unterrühren und mit Schnittlauch garnieren.
Servieren Sie das Gericht auf einer Portion Pasta (Rezept siehe Register), als dünne Nudeln geformt.
Zusammen 27,3 g KH
Pro Portion 4,6 g KH

Nicht einmal Iwan der Schreckliche hatte es so gut!

Italienisches Steak 8 Portionen

1 kleines, dickes Filetsteak
1 Eßl. Pflanzenöl
Knoblauchpulver
1 mittlere Aubergine, geschält und aufgeschnitten
Salzwasser
5 Eßl. Olivenöl
1 1/2 rote Tomatenpaprikaschoten, vom Kerngehäuse befreit, in Streifen geschnitten und in Essig eingelegt
1 grüne Paprikaschote, vom Kerngehäuse befreit und in Streifen geschnitten
1/2 Tasse entkernte schwarze Oliven
1/2 Teel. Gewürzsalz
2 gehackte Schalotten (ca. 2 Eßl.)
2 Teel. Tomatenmark
1/2 Tasse Weißwein (herb)
1 Päckchen Fleischbrühe, in 1/4 Tasse Wasser gelöst.

Fleisch mit Pflanzenöl und Knoblauchpulver einreiben. Auberginenscheiben in Salzwasser legen, mit einer Schüssel beschweren, damit sie unter Wasser bleiben, und eine halbe Stunde stehen lassen. Abspülen und auf Küchenkrepp gut abtropfen lassen.

4 Eßlöffel Olivenöl erhitzen und die Auberginenscheiben auf beiden Seiten darin braten, bis sie weich und glasig sind, dann aus der Pfanne herausnehmen. Nun Paprikastreifen ebenfalls kurz anbraten.
Dann die Auberginen wieder dazugeben, ebenso die Oliven und Salz. Solange erhitzen, bis die Oliven durchgewärmt sind, dann warm stellen.
Das Fleisch bis zur gewünschten Weise garen, dann aufschneiden. Die Schalotten in einem Eßlöffel Olivenöl 1 Minute anschmoren. Tomatenmark hinzufügen, Wein und Fleischbrühe hineingießen und aufkochen. Vom Herd nehmen. Auberginen- und Schalottengemisch über das Fleisch geben. Sofort servieren.
Zusammen 43,7 g KH
Pro Portion 5,4 g KH

Für die Liebhaber italienischer Küche!

Marinierte Rinderspießchen (Kebabs) 4 Portionen

4 Steaks ca. 2cm dick (ungefähr 900g)
1 Rezept Rindfleischmarinade (siehe unten)
1 kleine grüne Paprikaschote
1 Tasse ganz frische Champignons
6 Tomaten

Schneiden Sie das Fleisch in 5 cm große Würfel und lassen Sie es über Nacht im Kühlschrank in der Marinade ziehen.
Paprika und Pilze für zwei Minuten in kochendes Wasser legen und gut abtropfen lassen.
Dann abwechselnd Fleischwürfel und Gemüse auf Spießchen stecken und grillen, ungefähr 10cm von der Hitzequelle entfernt (ca. 6 Minuten von jeder Seite, wenn Sie sie durchgebraten mögen).

Rindfleischmarinade

1/2 Tasse Wasser
2/3 Tasse Sojasauce
Süßstoff entsprechend 1/4 Tasse Zucker
1 Eßl. gemahlenen Ingwer
1/2 Teel. Knoblauchpulver

Alles gut mischen!
Zusammen 24,0 g KH
Pro Portion 6,0 g KH

Sie schmecken das ganze Aroma!

Steak Pizzaiola 6 Portionen

1/8 Tasse Pflanzenöl
1/4 Tasse Olivenöl
2 Eßl. Estragon-Essig
1 Teel. Wasser
frisch gemahlener schwarzer Pfeffer
1350 g Lendensteak
8 italienische Tomaten, in Streifen geschnitten (1 Tasse)
2 zerdrückte Knoblauchzehen
1 Eßl. gehackte Petersilie
1 Teel. Oregano
1/8 Teel. Gewürzsalz
4 Eßl. Pinienkerne
Süßstoff, entsprechend 1/8 Teel. Zucker

Pflanzenöl mit 1/8 Tasse Olivenöl, Essig, Wasser und Pfeffer mischen. Das Steak hineinlegen und mindestens 2 Stunden marinieren, am besten über Nacht in den Kühlschrank stellen.
Das restliche Olivenöl erhitzen und Tomaten, Knoblauch, Petersilie, Oregano, Salz und Pinienkerne dazugeben. 3 Minuten

bei Mittelhitze schmoren, vom Herd nehmen, den Süßstoff hinzufügen und warm stellen.
Das Steak in der gewünschten Weise grillen, aufschneiden und mit der Saucenmischung übergießen.
Sofort servieren.
Zusammen 17,6 g KH
Pro Portion 2,9 g KH

Etwas Besonderes für gute Freunde!

Kohlrouladen mit Fleischfüllung (Dolma) 6 Portionen

1 mittlerer Kohlkopf
675 g Hammel- oder Rinderhack
4 Eßl. Zwiebelwürfel
4 Eßl. gehackte Petersilie
2 Eier
1 Teel. Salz
Pfeffer nach Geschmack
1/3 Tasse Tomatensauce

Sauce:

1 Tasse gehackter Kohl
1/2 Tasse Wasser
1 250-g-Dose Tomatensauce
1/2 Teel. kristalline Zitronensäure
2 Eßl. Zitronensaft
Süßstoff entsprechend 1 1/2 Teel. Zucker

Den Kohl säubern und beschädigte Blätter entfernen. Kochendes Wasser darübergießen, zudecken und 1/2 Stunde stehen lassen.
Währenddessen Hackfleisch, Zwiebeln, Petersilie, Eier, Salz, Pfeffer und Tomatensauce mischen.

Den Kohl abtropfen lassen und die Blätter vom Strunk ablösen. Zum Füllen brauchen Sie 12 Blätter. Auf jedes Blatt in die Mitte 2 Eßlöffel der Fleischmischung geben und die Blätter gut zusammenrollen. Zur Seite stellen.

Sauce:

Hacken Sie den übrigen Kohl (Strünke und Blätter).
Das Wasser in einen großen Brattopf oder gußeisernen Kessel schütten und zum Kochen bringen. Wenn es kocht, geben Sie den Kohl, die Tomatensauce, Zitronensäure und -saft und den Süßstoff dazu. Dann die Hitze verringern und 15 Minuten zugedeckt köcheln lassen. Eine Tasse der Sauce abnehmen und beiseite stellen. Die Kohlrouladen so eng wie möglich nebeneinander in den Brattopf legen, die Tasse Sauce darübergießen, zudecken. 1½ Stunden schmoren lassen.
Zusammen 50,0 g KH
Pro Portion 6,0 g KH

Viel Arbeit, aber auch besonders gut!

Süditalienischer Schmortopf 6 Portionen

⅓ Tasse Rotwein
4 Eßl. Zwiebelscheiben
5 Knoblauchzehen
2 Teel. Basilikum
1 Teel. Oregano
1 Eßl. Petersilie
½ Tasse Olivenöl
Salz und Pfeffer
2250 g Schmorfleisch von Kamm, Schulter oder Lende
1 250-g-Dose Tomatensauce
Süßstoff nach Geschmack

In einer Schüssel Wein, Zwiebeln, Knoblauch, Basilikum, Oregano, Petersilie, 1/3 Tasse Olivenöl, Salz und Pfeffer mischen. Das Fleisch hineinlegen, mehrmals wenden, bis es überall mit der Marinade bedeckt ist. Schüssel zudecken, einen Tag lang im Kühlschrank ziehen lassen, dabei das Fleisch zweimal umdrehen. Das Fleisch aus der Marinade nehmen, gut trockenreiben.

Die Marinade so lange kochen lassen, bis die Flüssigkeit auf die Hälfte verkocht ist. Das Fleisch in dem restlichen Olivenöl anbraten, dann die eingekochte Marinade darübergießen. Zudecken und zwei Stunden lang schmoren lassen. Danach Tomatensoße und Süßstoff dazugeben, eine weitere halbe Stunde oder so lange schmoren, bis das Fleisch beim Einstechen mit einer Gabel weich genug ist.

Dann nehmen Sie das Fleisch heraus und schöpfen das überflüssige Fett ab (das geht am besten, wenn Sie die Sauce abkühlen lassen und die gehärtete Fettschicht von der Oberfläche nehmen).

Das Fleisch in Scheiben schneiden und in die Bratensauce zurücklegen. Noch einmal gut durchwärmen und anrichten.

Zusammen 23,6 g KH
Pro Portion 4,0 g KH

Dieses alte Hausrezept hat noch nie besser geschmeckt!

Herzhafte Spareribs 4 Portionen

1800 g Spareribs (von Schwein oder Rind)
1 Eßl. Paprika
2 Teel. Chilipfeffer
3/4 Teel. Salz
1/4 Teel. scharfen Senf
1/4 Teel. Knoblauchpulver
1/8 Teel. Pfeffer

Heizen Sie den Ofen auf ca. 230° vor. Legen Sie das Fleisch in einer Schicht mit der fleischigen Seite nach unten in eine flache Bratenpfanne.
Braten Sie es 1/2 Stunde lang im Backofen bei ca. 230° und gießen Sie das Fett ab.
Alle Gewürze vermischen und in einen Salzstreuer füllen, dann die Spareribs gleichmäßig mit Gewürzmischung bestreuen.
Die Hitze auf 180° reduzieren, die fleischige Seite nach oben drehen und 1/2 bis 1 Stunde weiterbraten (Rindfleisch dauert mindestens 2 Stunden, wenn es ganz durch sein soll).
Zusammen minimal KH
Pro Portion Null KH

Eine reine Diätfreude!

Gefülltes Steak 6 Portionen

Knoblauchpulver
1350 g von Ihrem Lieblings-Steakfleisch (in 6 Portionen mit eingeschnittener Tasche)
225 g Champignons
1/2 Teel. Thymian
3 Petersilienstengel (nur das obere)
5 Scheiben Schinken
2 Teel. Butter
2 feingeschnittene Schalotten (oder 1 kleine Zwiebel)
1 gehackte Knoblauchzehe
2 Eßl. trockenen Weißwein

Das Fleisch mit Knoblauchpulver einreiben und zur Seite legen. Champignons, Schinken, Petersilie und Thymian fein hakken und in einer großen Holzschüssel zusammenmischen.
Butter auf kleiner Flamme erhitzen, bis sie geschmolzen ist und nicht mehr schäumt. Schalotten und Knoblauch darin anbräunen, die Pilzmischung dazugeben und unter Rühren 3 Minuten

schmoren lassen. Wein hineingießen, 1 Minute lang aufkochen lassen.
Die Mischung vom Herd nehmen und in die Steaktaschen füllen, feststopfen und mit Nadel und Zwirn gut verschließen.
Die Steaks grillen, so wie Sie diese mögen.
Mit heißer Petersilienbutter servieren (s. Register).

Zusammen	18,6 g KH
Pro Portion	3,1 g KH
Petersilienbutter	0,9 g KH

Eine Tasche voll Wohlgeschmack!

Orientalische Spareribs 4 Portionen

1/4 Tasse Sojasauce
1 Teel. Ingwer
1 1/2 Teel. Sherry-Extrakt
3 zerdrückte Knoblauchzehen
1 Teel. Orangen-Extrakt
Süßstoff entsprechend 3 Eßl. braunem Zucker
1 Tasse Wasser
1800 g Spareribs

Backofen auf 180° vorheizen.
Die ersten sieben Zutaten des Rezeptes zu einer Marinade zusammenmischen. Spareribs in Portionsstücke zerschneiden. Die Marinade darübergießen, über Nacht in den Kühlschrank stellen.
Die Spareribs samt Marinade in eine Bratpfanne geben.
Bei 150 bis 180° im Ofen braten. Alle 20 Minuten mit der Marinade begießen, bis sie braun geworden sind (ungefähr 1 1/2 Stunden).

Zusammen	11,4 g KH
Pro Portion	3,0 g KH

Suppenfleisch in üppiger Rinderbrühe 4 Portionen

4 Eßl. Speckfett
1350 g Suppenfleisch vom Rind (kurze Rippe)
1/2 Tasse gewürfelte Zwiebeln
3/4 Tasse gewürfelten Sellerie
3 Knoblauchzehen
2 Tassen Rinderbrühe
Salz und Pfeffer nach Geschmack
1/2 Portion gefrorenen Sahnemeerrettich (s. Register)

Erhitzen Sie das Fett in einem Bratentopf und braten Sie das Fleisch darin von allen Seiten an. Dann nehmen Sie es vom Herd und stellen es warm.
Dann im gleichen Fett Sellerie und Zwiebeln anbraten, bis sie goldgelb sind. Knoblauch hinzufügen und weitere zwei Minuten schmoren lassen. Das Fleisch wieder in den Topf legen und die Brühe darübergießen. Salz und Pfeffer dazugeben und 3 Stunden garen lassen, bis sich das Fleisch leicht vom Knochen lösen läßt.
Servieren Sie das Fleisch zusammen mit dem Sahnemeerrettich auf einer Platte und reichen Sie die Brühe extra dazu. (Vielleicht ziehen Sie es aber auch vor, das Fleisch in der Brühe zu servieren, in die Sie vorher den Sahnemeerrettich eingerührt haben.)
Zusammen 24,2 g KH
Pro Portion 6,0 g KH

Ein gutes herzhaftes Gericht, sparsam und üppig zugleich!

Rindfleisch und Kohl 6 Portionen

Ca. 2 kg eingesalzenes Rindfleisch
1 Knoblauchzehe
6 Eßl. Zwiebelscheiben
1 kleiner Kohlkopf (etwa 4 Tassen)

Das Fleisch waschen und in einen Topf mit soviel Wasser legen, daß es gerade bedeckt ist. Das Wasser zum Kochen bringen und mit einem Schaumlöffel den Schaum von der Oberfläche abschöpfen. Den Knoblauch dazugeben und zudecken. Das Fleisch bei geringer Hitze köcheln lassen, bis es weich ist (ungefähr 3 Stunden). Die Zwiebelscheiben beigeben und noch einmal 1/2 Stunde kochen.
Den Kohl in 6 gleiche Teile schneiden und 10 bis 15 Minuten mitkochen, bis er gar ist.
Das Fleisch in Scheiben schneiden und mit dem Kohl servieren, auf einer vorgewärmten Platte anrichten.
Zusammen 47,1 g KH
Pro Portion 7,8 g KH

Sehr gut auch mit Meerrettich oder Senf!

Pikanter Rindfleischsalat 6 Portionen

2 Tassen Rindfleischreste, in Streifen geschnitten
2 mittlere Zwiebeln, in Scheiben geschnitten
1/2 Tasse Olivenöl
1/4 Tasse Weinessig
4 Eßl. Kapern
2 Eßl. gehackte Petersilie
2 Teel. Schnittlauchröllchen
2 Teel. Estragon
1/4 Teel. scharfer Senf
2 Teel. Basilikum (oder Kerbel)
8 Tropfen Tabascosauce
Salz und Pfeffer

Alle Zutaten zusammengeben und gut mischen.
Bei Zimmertemperatur 4 Stunden ziehen lassen.
Umrühren und vor dem Servieren gut durchkühlen lassen.
Zusammen 20,9 g KH
Pro Portion 3,5 g KH

Das kitzelt den Gaumen!

Hackbraten 6 Portionen

1350 g Hackfleisch
2 Teel. Chilipfeffer
3 Eier
1/4 Teel. Knoblauchpulver
1 Teel. Zwiebelpulver
2 Eßl. Petersilie
1 225-g-Dose Tomatensauce
Olivenöl

Heizen Sie den Backofen auf ca. 180° vor.
Die ersten 6 Zutaten werden in einer großen Schüssel gründlich miteinander vermischt. Dann geben Sie die Hälfte der Tomatensauce dazu und rühren Sie sie gut unter.
Formen Sie einen großen Fleischkloß daraus und legen ihn in eine geölte Back- oder Bratform. Etwa eine Stunde bei ca. 180° im Backofen braten.
Dann die übrige Tomatensauce über das Fleisch gießen und eine weitere halbe Stunde backen, dabei hin und wieder mit dem Bratensaft begießen.
Zusammen 19,7 g KH
Pro Portion 3,3 g KH

Das schmeckt auch kalt sehr gut!

Hackbraten mit Füllung 2 Portionen

450 g Hackfleisch
1 Teel. Salz, Pfeffer
1/4 Teel. Hähnchengewürz
1 Teel. Senf
1/2 Tasse gehobelter Chesterkäse
1 kleine Tomate, in dünne Scheiben geschnitten

Das Hackfleisch mit Salz und Hähnchengewürz in eine Schüssel geben und gut vermischen.
Teilen Sie die Fleischmischung in zwei gleiche Teile und formen Sie zwei ovale Klöße daraus, die auf Alufolie gelegt werden.
Beide Klöße mit Senf bestreichen, auf einen von beiden den Käse und die Tomatenscheiben geben, dann den anderen Fleischkloß darauflegen und gut andrücken, damit nichts auslaufen kann.
Den Hackbraten in den Grill schieben und auf der einen Seite 15 Minuten, auf der anderen 10 Minuten grillen, bis er gut durchgebraten ist.
Zusammen 8,0 g KH
Pro Portion 4,0 g KH

Ein herrlicher Geschmack!

Hackbraten mit Pilzen 4 bis 6 Portionen

1 85-g-Dose Champignons
1 leicht geschlagenes Ei
1½ Teel. Worcestershire-Sauce
1 Teel. Salz
½ Teel. scharfer Senf
1 Prise Pfeffer
½ Teel. Hähnchengewürz
1½ Pfund sehr mageres Rinderhack

Den Backofen auf 180° vorheizen!
Alle Zutaten außer dem Hackfleisch miteinander vermischen.
Dann das Fleisch hinzugeben und vorsichtig, aber gründlich daruntermischen. Einen Laib daraus formen und in die Mitte einer Pfanne legen. Den Hackbraten 1 bis 1¼ Stunde bei 180° im Backofen braten.
Zusammen 4,4 g KH
Pro Portion 1,1 g KH

Fleischklößchen in Tomatensauce 6 Portionen

4 Eßl. gehackte Zwiebeln
3 Eßl. gewürfelte grüne Paprika
3 feingehackte Knoblauchzehen
4 Eßl. Olivenöl
450 g Bratwurstfülle (nach Geschmack mild oder scharf)
900 g Rinderhack
2 Eier, leicht geschlagen
1 Teel. Thymian
1 Teel. Petersilie
3 Eßl. geriebenen Parmesankäse
1 Tasse Bouillon
1 Tasse Tomatensauce

Braten Sie 3 Eßlöffel Zwiebeln, die Paprika und zwei Knoblauchzehen in einer Saucenpfanne in Olivenöl an, bis sie hellbraun geworden sind. Aus der Pfanne nehmen, das Fett aber darin lassen.
Entfernen Sie die Bratwursthülle und geben Sie die Füllung zusammen mit dem Rinderhack in eine Schüssel. Fügen Sie das angebratene Gemüse, Eier, Thymian, Petersilie und Parmesan hinzu und vermischen Sie alles gut miteinander. Dann kleine Bällchen von ca. 5 cm Durchmesser formen, die in der Saucenpfanne im zurückgelassenen Fett von allen Seiten gut angebraten werden. (Falls sie zu trocken sein sollten, mehr Öl dazutun.) Aus der Pfanne nehmen. Die restlichen Zwiebeln und den Knoblauch bräunen. Bouillon und Tomatensauce hinzugeben und 12 Minuten köcheln lassen.
Nun die Fleischbällchen in die Pfanne zurücklegen und vorsichtig umrühren, die Fleischbällchen 5 Minuten lang darin schmoren lassen.
Zusammen 28,0 g KH
Pro Portion 4,5 g KH

Nehmen Sie die doppelte Menge und frieren Sie dann die Hälfte ein! So haben Sie für den Notfall eine gute Mahlzeit zur Hand.

Fromage Burgers oder auch Käsebouletten 6 Portionen

900 g mageres Rinderhack
1 Eßl. Schnittlauchröllchen
3/4 Teel. zerkrümelten Estragon
2 Teel. Gewürzsalz
1/4 Tasse frische gehackte Petersilie
1/4 Tasse gehackte Schalotten
1 verquirltes Ei
6 Scheiben Chester, Schweizer oder Roquefort-Käse
3 Eßl. zerlassene Butter.

Hackfleisch, Schnittlauch, Estragon, Salz, Petersilie, Schalotten und Ei vermengen. 12 gleich große Bällchen formen, dann zu Bratlingen plattdrücken.
Auf 6 der Bratlinge je eine Scheibe Käse legen, dann mit den 6 anderen zudecken, Ränder gut zusammenpressen! Mit der zerlassenen Butter bestreichen und wie gewünscht grillen, dabei einmal umdrehen.
Zusammen 13,8 g KH
Pro Portion 2,3 g KH

Zwei für einen!

Pizza Burgers oder auch Italo-Hamburger 6 Portionen

900 g Rinderhack
1 Teel. Gewürzsalz
1 Eßl. gehackte Petersilie
1/8 Teel. Basilikum
1/8 Teel. Oregano
2 verquirlte Eier
1 Paket Schweineschwarten-Chips, zerbröselt
1/4 Tasse Salatöl
6 Scheiben Mozzarella-Käse
1/2 Menge Pasta-Sauce (s. Register)
2 Eßl. geriebenen Parmesan

Den Backofen auf 200° vorheizen.
Vermengen Sie Salz, Petersilie, Basilikum und Oregano mit dem Hackfleisch. Formen Sie daraus 6 Pastetchen von 1½cm Dicke, die Sie zuerst in Ei und dann in den Schweineschwarten-Chips wenden. In heißem Öl von beiden Seiten braten, bis sie gut gebräunt sind. Dann in eine flache Auflaufform legen und mit dem Mozzarella bedecken. Pasta-Sauce darübergießen und mit Parmesan bestreuen.
25 Minuten bei 200° im Backofen überbacken.
Zusammen 46,2 g KH
Pro Portion 7,7 g KH

Nicht nur Kinder werden sie mögen!

Chili 6 Portionen

4 Eßl. Olivenöl
½ Tasse Zwiebelscheiben
2 feingehackte Knoblauchzehen
1350 g Rinderhack
2 225-Gramm-Dosen Tomatensauce
2 Teel. Chilipulver
1 Teel. Kümmel
1½ Teel. Salz

Das Öl in der Pfanne erhitzen und die Zwiebeln 3 Minuten lang darin anbraten. Knoblauch dazugeben und leicht anbräunen, dann alles an den Rand der Pfanne schieben. Das (Hamburger) Hackfleisch in einem Stück in die Pfanne legen und, während es anbrät, langsam zerpflücken. (Auf diese Weise bleibt das Fleisch saftiger.) Wenn es leicht gebräunt ist, Tomatensauce, Chili, Kümmel und Salz hinzufügen. 15 Minuten lang köcheln lassen!
Zusammen 41,3 g KH
Pro Portion 7,0 g KH

Geflügel

Reste-Curry 6 Portionen

1 große gehackte Zwiebel
2 Eßl. Öl
4 1/2 Tassen gewürfeltes Hühnerfleisch oder gewürfelter gekochter Schinken
1/2 Tasse kochendes Wasser
1 Würfel Hühnerbrühe
1/2 Teel. Currypulver
Grüner Salat

Braten Sie die gehackten Zwiebeln in einer Pfanne goldgelb und geben Sie das Hühnerfleisch oder den Schinken dazu. Den Bouillonwürfel mit dem kochenden Wasser verrühren, in die Pfanne gießen, mit Curry bestreuen und 10 Minuten köcheln lassen.
Auf Salatschicht anrichten.
Zusammen 16,4 g KH
Pro Portion 2,7 g KH

Kein Mensch käme auf die Idee, daß das ein Resteessen ist!

Huhn in Sauce 4 Portionen

1350 g Hühnerfleisch zum Braten, in Stücke geschnitten
Salz nach Geschmack
4 Eßl. Öl
225 g Champignons
2 Eßl. geriebene Zwiebel
2 Eßl. Tomatensauce
2 Teel. Zitronensaft
1/2 Tasse Weißwein

Reiben Sie das Hühnerfleisch mit Salz ein.

Das Öl in einer Pfanne erhitzen, das Hühnerfleisch darin braten, bis es von allen Seiten goldgelb ist, und dann warmstellen.
Die Champignons mit den Zwiebeln anschmoren, bis die Zwiebeln weich sind. Tomatensauce, Zitronensaft und Wein dazu geben und unter ständigem Rühren zum Kochen bringen. Die Sauce über das Huhn gießen.
Zusammen 20,8 g KH
Pro Portion 5,2 g KH

Huhn Cacciatora 8 Portionen

2250 g junges Huhn (zerlegt) oder Hühnerklein
1/2 Tasse Olivenöl
4 Eßl. Butter
1/3 Tasse feingehackte Zwiebeln
1 Dose (75 g) Champignons
3 Knoblauchzehen
3/4 Tasse trockener Weißwein
2 Lorbeerblätter
1/2 Teel. frisch gemahlener schwarzer Pfeffer
5 Eßl. Tomatensauce
1 Teel. Basilikum
Salz nach Geschmack
2 Eßl. Cognac oder Weinbrand

Das zerlegte Huhn oder Hühnerklein im Olivenöl leicht anbräunen
Die Butter in einer Pfanne erhitzen. Wenn sie nicht mehr brutzelt, die Zwiebeln dazugeben und in der Butter schwenken, bis sie goldgelb sind. Dann fügen Sie die abgetropften Champignons (das Pilzwasser in der Dose aufbewahren und beiseite stellen) und den Knoblauch hinzu. 4 Minuten schmoren lassen.

Jetzt geben Sie diese Pilzmischung in den Schmortopf zum Huhn. Wein darübergießen und mit Lorbeerblättern, Basilikum und Pfeffer würzen. Ungefähr 8 Minuten ohne Deckel köcheln lassen.
Die Tomatensauce und die Flüssigkeit aus der Pilzdose einrühren. Mit Salz abschmecken. Ohne Deckel für weitere 20 Minuten köcheln lassen.
Den Cognac dazugießen und anrichten.
Zusammen 24,5 g KH
Pro Portion 3,0 g KH

Erfreulich leicht und schnell zu machen!

Huhn mit Chesterkäse 6 Portionen

225 g Champignons, kleingeschnitten
8 Eßl. Butter
1/2 Tasse flüssige Schlagsahne
2 Tassen geriebener Chesterkäse
1 Teel. Gewürzsalz (nach Wahl)
1/2 Teel. Cayennepfeffer
6 Hühnerbrüste, der Länge nach halbiert, ohne Haut und Knochen
4 verquirlte Eier
75 g zerbröselte Schweineschwarten-Chips
1/2 Tasse trockener Weißwein

Den Backofen auf 160° vorheizen.
Die Champignons in 4 Eßl. Butter braten, bis sie schön gebräunt sind. Die flüssige Sahne, den Käse, Salz und Pfeffer dazugeben, umrühren, bis der Käse schmilzt. Vom Feuer nehmen und ins Gefrierfach stellen, bis alles eine feste Masse wird. Dann in 12 gleiche Teile schneiden.
Legen Sie jeweils ein Stück von dieser Käsemasse auf ein Stück

Hühnerbrust. Dann rollen Sie das Fleisch zusammen und binden es mit einem Faden zusammen. Wälzen Sie diese Rollen zunächst in dem verquirlten Ei und dann in den Schweineschwartenbröseln.
Jetzt braten Sie die Hühnerrollen in 4 Eßl. Butter in einer Pfanne braun und legen sie dann in eine feuerfeste Form. Die ausgelassene Butter und den Wein darübergeben und bei 180° im Backofen 45 Minuten backen, dabei gelegentlich mit dem Bratensatz übergießen.
Zusammen 21,7 g KH
Pro Portion 3,6 g KH

Ein besonderes Essen für besondere Gelegenheiten!

Traumhaftes Backhuhn Für 4 Personen

Gewürzsalz
Knoblauchpulver
1 Brathuhn
115 g Butter, Zimmertemperatur

Den Backofen auf 230° vorheizen.
Das Huhn innen und außen mit Knoblauch und Salz bestreuen und es gut 1 Stunde ziehen lassen.
Dann reiben Sie das Huhn üppig mit Butter ein und streuen noch etwas Salz darüber. Legen Sie das Huhn in eine Backpfanne, die vorher mit Alufolie ausgelegt wurde. Wickeln Sie Alufolie um das Huhn, so daß kein Dampf entweichen kann.
Bei 230° 1 Stunde im Ofen backen. Dann die Temperatur auf 160° herunterschalten und weiterbacken lassen, bis das Huhn zart ist (mindestens 1 Stunde).
Zusammen 0,8 g KH
Pro Portion 0,2 g KH

Der Name sagt alles!

Teriyaki Brathühnchen Für 6 Personen

12 Hühnerkeulen (oder 6 halbe Brathühnchen)
1/2 Tasse Olivenöl
1/3 Tasse Sojasauce
Süßstoff entsprechend 1 Eßl. braunem Zucker
1 Eßl. geriebene Orangenschale
1 Eßl. Ingwer
2 Knoblauchzehen
1/3 Tasse Sherry
Öl zum Bepinseln

Legen Sie die Hühnerteile in einen flachen Schmortopf. Bereiten Sie die Marinade, indem Sie alle restlichen Zutaten vermischen, und gießen Sie die Marinade dann über das Huhn. Für ungefähr 6 Stunden (oder über Nacht) in den Eisschrank stellen und gelegentlich umwenden.
Braten Sie die Hühnerteile auf dem Bratrost, und zwar 13 bis 15 cm von der Hitzequelle entfernt (näher brennen sie an). Vorher mit etwas Öl bepinseln. Das Hühnerfleisch hin und wieder mit der Marinade begießen und im Ofen lassen, bis es Ihrem Geschmack entsprechend durchgebraten ist.
Zusammen 7,2 g KH
Pro Portion 1,2 g KH

Für alle, die Huhn auf japanische Art mögen!

Backhuhn mit Zitrone Für 4 Personen

1 zerlegtes Brathuhn
1/2 Teel. Oregano
1/4 Teel. Knoblauchpulver
1/4 Tasse Butter
Salz und Pfeffer nach Geschmack
Saft von 2 Zitronen (6 bis 8 Eßl.)

Den Backofen auf 200° vorheizen.
Das Hühnerfleisch mit Oregano und Knoblauchpulver bestreuen. Die Butter in einem Schmortopf oder in einer Kasserolle zergehen lassen. Das Hühnerfleisch darin wälzen und mit Pfeffer und Salz bestreuen.
Jetzt schieben Sie die Kasserolle (ohne Deckel) in den Ofen und lassen das Huhn bei 200° 1/2 Stunde, oder bis es goldbraun ist, backen. Dann drehen Sie die Stücke um und lassen sie noch einmal gute 30 Minuten backen, bis sie braun sind. Nun den Backofen auf 150° einstellen und warten, bis das Hühnerfleisch durch und zart ist. Zitronensaft darübergießen und die zugedeckte Kasserolle im abgeschalteten Ofen für weitere 15 Minuten stehen lassen.
Auf einer Bratenplatte anrichten.
Zusammen 9,3 g KH
Pro Portion 2,3 g KH

Ein köstliches Essen, dazu ein Salat und grünes Gemüse!

Cannelloni mit Huhn Für 4 Personen, 8 Stück

3 Hühnerlebern
1 Hühnerbrust ohne Knochen
4 Eßl. Butter
5 Scheiben hauchdünner, geräucherter Schinken
1/4 Teel. Majoran
3/4 Tasse geriebener Parmesankäse
1 Rezept Sahnesauce (s. Register)
8 Pasta-Pfannkuchen (Pasta-Rezept s. Register)

Den Backofen auf 180° vorheizen.
Leber und Hühnerbrust in 2 Eßl. Butter auf beiden Seiten braun braten.
Die Leber, das Hühnerfleisch und den Schinken durch den

Fleischwolf drehen, mit Majoran würzen und mit 1/2 Tasse Parmesan und 10 Eßl. Sahnesauce gut vermischen. Von dieser Fleischmischung verteilen Sie jetzt jeweils 2 Eßl. auf jeden Pasta-Pfannkuchen und rollen sie zusammen.
Fetten Sie eine Auflaufform mit 2 Eßl. weicher Butter ein, und legen Sie die zusammengerollten Pfannkuchen nebeneinander dort hinein. Dann die restliche Sahnesauce darübergießen, mit dem restlichen Parmesan bestreuen und bei 180° etwa 1/2 Stunde überbacken.
Zusammen 29,8 g KH
Pro Portion 3,7 g KH

Kompliziert, aber der Aufwand lohnt sich!

Coq au Vin Für 8 Personen

4 dicke Scheiben Frühstücksspeck
7 Eßl. Butter
1800 g Hühnerklein
1 Teel. Gewürzsalz (nach Wahl)
1/4 Tasse Cognac oder Weinbrand
1 Tasse trockener Rotwein
2 Würfel gekörnte Brühe in 1 Tasse Wasser aufgelöst
1/4 Teel. Knoblauchpulver
1/4 Teel. Thymian
1 Lorbeerblatt
4 mittelgroße, in Ringe geschnittene Zwiebeln
450 g Champignons
Schnittlauchröllchen

Den Frühstücksspeck würfeln und mit 4 Eßl. Butter anbraten, bis er braun ist, aus dem Schmortopf nehmen und beiseite stellen.
Das Hühnerfleisch waschen und gründlich abtrocknen, in dem

Fett vom Frühstücksspeck anschmoren und würzen. Jetzt geben Sie den Frühstücksspeck dazu und lassen alles zusammen ungefähr 10 Minuten brutzeln.
Den Cognac in einem kleinen Topf erwärmen, anzünden und über das Huhn gießen. Wein, Brühe, Knoblauchpulver und Thymian dazugeben. Das Lorbeerblatt unter das Hühnerfleisch legen, mit einem Deckel zudecken und alles 45 Minuten köcheln lassen.
Dann nehmen Sie das Huhn heraus, stellen es warm und lassen die Flüssigkeit auf die Hälfte einkochen. Inzwischen erhitzen Sie die Zwiebeln und die Champignons in 3 Eßl. Butter, bis die Zwiebeln goldgelb sind.
Legen Sie das Hühnerfleisch wieder in den Schmortopf zurück, und geben Sie die Pilze und Zwiebeln dazu. Noch einmal 5 Minuten köcheln lassen. Mit Schnittlauchröllchen garnieren und anrichten.
Zusammen 58,5 g KH
Pro Portion 7,4 g KH

Für den Gourmet eine wahre Köstlichkeit!

Huhn mit Mandeln Für 8 Personen

225 g kleingeschnittene Champignons
1 Paprikaschote, kleingehackt
1/2 Tasse Butter
1/2 Teel. Gewürzsalz (nach Wahl)
4 Tassen gewürfeltes Hühnerfleisch
1/2 Tasse trockener Weißwein
2 Tassen flüssige Schlagsahne
2 verquirlte Eigelb
Muskatnuß
6 dünne Scheiben Schweizer Käse
1/4 Tasse Mandelscheiben

Pilze und Paprika in Butter anbraten, bis sie weich sind. Salzen und das Hühnerfleisch dazugeben. Den Wein unterrühren und solange köcheln lassen, bis die Flüssigkeit ungefähr auf die Hälfte eingekocht ist. Dann rühren Sie die flüssige Schlagsahne ein. (Bis zum Siedepunkt bringen, aber nicht kochen lassen.) Die Eigelb unterziehen und unter ständigem Rühren weitere 5 Minuten köcheln lassen, bis die Flüssigkeit dick zu werden beginnt. Nach Geschmack mit Salz und Muskatnuß abschmekken.

Jetzt geben Sie alles in eine feuerfeste Form, bedecken es mit dem Käse und streuen die Mandelscheiben darüber. In den Grill stellen, bis der Käse schmilzt.

Zusammen 43,5 g KH

Pro Portion 5,5 g KH

Schmeckt am nächsten Tag doppelt so gut!

Sommerliches Huhn aus Spanien 4 Portionen

1 knapp 3 Pfund schweres Huhn oder die entsprechende Menge Hühnerklein

1/4 Tasse Maisöl oder Safloröl

2 Knoblauchzehen

Saft einer Zitrone

1 Teel. geriebene (ungespritzte) Orangenschale

2 Lorbeerblätter

1/2 Tasse Essig

1 Tasse Weißwein

1 Tasse Hühnerbrühe

1/2 Teel. grob gemahlener Pfeffer

Salz nach Geschmack

Das Huhn säubern und das Öl in einem Schmortopf erhitzen. Braten Sie darin bei mittlerer Hitze das Huhn, bis es leicht gebräunt ist.

Bereiten Sie aus den restlichen Zutaten eine Marinade, die Sie über das Huhn gießen. Eine Stunde zugedeckt köcheln lassen. Falls nötig, noch etwas Brühe hinzugeben, um das Huhn bedeckt zu halten.
Wenn das Huhn gar ist, stellen Sie es, mit Marinade bedeckt, in den Eisschrank. Kalt in der Sauce servieren.
Zusammen 23,3 g KH
Pro Portion 6,0 g KH

Florentinisches Huhn Für 4 Personen

4 Stück Hühnerbrust (ohne Knochen)
2 verquirlte Eier
50 g Schweineschwarten-Chips (im Mixer zerkleinert)
3 Eßl. Butter
1/2 Tasse Sauterne
1 Tasse Hühnerbrühe oder Bouillon
1 zerdrückte Knoblauchzehe
1 Prise Majoran
1 Prise Basilikum
1/3 Tasse flüssige Sahne
225 g gekochter Spinat*
1/4 Tasse geriebener Parmesan

Den Backofen auf 180° vorheizen.
Die Bruststücke zuerst in den verquirlten Eiern und dann in den Schwartenbröseln wenden, in Butter braten, bis sie leicht

* Frischen Spinat kochen Sie folgendermaßen: Der Spinat wird mehrmals gründlich gewaschen und von allem Sand befreit. Mäßig mit Wasser bedeckt wird der Spinat dann in einem Topf etwa 20 Minuten bei geringer Hitze gekocht, bis er zart, aber nicht zu weich ist. Vor dem Anrichten das Wasser herauspressen.
Sie können den frischen Spinat durch zwei Pakete tiefgefrorenen Spinat ersetzen (entsprechend der Gebrauchsanweisung zubereiten). Weder frischen noch tiefgefrorenen Spinat auf keinen Fall zu lange kochen!

gebräunt sind. Einmal umdrehen. Die Temperatur niedriger schalten. Den Wein dazugeben und solange schmoren lassen, bis der Wein fast ganz verdampft ist. Dann vom Herd nehmen.
Nun aus der Brühe, Knoblauch, Majoran, Basilikum und Sahne eine Sauce bereiten.
Danach die Hälfte des Spinats in eine feuerfeste Form füllen, das Hühnerfleisch darauflegen und mit dem restlichen Spinat bedecken. Die Sauce darübergießen. Mit Parmesan bestreuen und die Form bei 180° für 1/2 Stunde in den Ofen stellen.
Zusammen 18,5 g KH
Pro Portion 4,6 g KH

Österreichisches Paprikahuhn 6 Portionen

2 Eßl. Butter
2 Eßl. Gemüseöl
2 zerlegte Brathühnchen
Gewürzsalz
4 kleine Zwiebeln
1 gehackte Knoblauchzehe
2 Eßl. Paprika (aus einem gerade neu geöffneten Glas)
1 Tasse Hühnerbrühe
1 Tasse saure Sahne

Backofen auf 180° vorheizen.
Butter und Öl zusammen in einer Pfanne erhitzen. Die Hühnerteile von allen Seiten vorsichtig anbraten. Salzen. Das Hühnerfleisch aus der Pfanne nehmen und beiseite stellen. Geben Sie jetzt die Zwiebeln und den Knoblauch in die Pfanne und schwenken sie beides im Fett, bis die Zwiebeln goldgelb sind. Dann geben Sie Paprika, Brühe und saure Sahne dazu. Solange rühren, bis die Mischung glatt ist.
Geben Sie nun das Huhn in einen Schmortopf. Übergießen Sie

es mit der Mischung (die Pfanne gut auskratzen). Zugedeckt im Ofen bei 180° 1 Stunde lang garen.
Reichen Sie dazu kleingeschnittenen Salat mit Tomaten-Dressing (s. Register).
Zusammen 21,7 g KH
Pro Portion 4,6 g KH

Nicht nur ein gutes Sonntagsessen!

Hühnerkroketten 2 Portionen

1½ Tassen Hühnerfleisch, durch den Fleischwolf gedreht
2 Eiweiß
¼ Teel. Geflügelgewürz
1 Prise Salz
Fett zum Ausbacken
2 Eßl. gehackte Zwiebeln
1 Eßl. Öl oder Butter
Schnelle Sahnesauce (s. Register)
4 große Champignons, gewürfelt

Den Ofen auf 190° vorheizen.
Vermengen Sie das Hühnerfleisch mit Eiweiß, Geflügelgewürz und Salz. Formen Sie daraus 3 cm dicke und 7 cm lange Kroketten, die Sie im schwimmenden Fett ausbacken, bis sie schön knusprig sind.
Die Pilze und Zwiebeln im Öl leicht anbräunen.
Die Schnelle Sahnesauce zubereiten.
Bedecken Sie den Boden einer Kasserolle oder einer feuerfesten Form mit den Pilzen und Zwiebeln, legen die Kroketten obenauf, und gießen dann die Sauce darüber. Alles zusammen bei 190° für 8 bis 10 Minuten im Ofen backen, bis es richtig heiß ist.

Wollen Sie dieses Gericht für das Auge noch etwas verschönern, dann stecken Sie zwischen die Kroketten Scheiben hartgekochter Eier, gießen dann die Sauce darüber und bestreuen das Ganze noch mit etwas Paprika.
Zusammen 5,3 g KH
Pro Portion 3,0 g KH

Puter à la King 4 Portionen

4 Eigelb
1/4 Teel. Gewürzsalz (nach Wahl)
1/2 Teel. trockener Estragon
1 Tasse flüssige Schlagsahne
1 Tasse kräftige Hühnerbrühe
2 Tassen kleingewürfelte Puterbrust*
Muskatnuß

Den Ofen auf 180° vorheizen.
Schlagen Sie die Eigelb, bis sie dick und zitronenfarben werden. Salz und Estragon dazugeben. Mit dem Schneebesen unter die flüssige Sahne schlagen. Die Brühe einrühren und dann das Puterfleisch dazugeben.
In vier kleine, feuerfeste Formen schütten, mit etwas Muskatnuß überstreuen.
Setzen Sie die Formen in einen flachen, halb mit Wasser gefüllten Bräter. 30 Minuten bei 180° im Backofen backen.
Zusammen 9,8 g KH
Pro Portion 2,7 g KH

* Für sparsame Geister: Sie können auch 2 tiefgefrorene Puterkeulen nehmen. Entsprechend der Gebrauchsanweisung zubereiten.

Tips für Puterbraten

Ein leicht zuzubereitendes und dabei köstliches Rezept für einen Puterbraten. So wird Ihr Puter bestimmt nicht zu trokken.

Den Ofen auf 200° vorheizen.
Der Puter soll Zimmertemperatur haben. Nehmen Sie alle Innereien heraus und reinigen Sie den Puter innen und außen unter fließendem Wasser. Ein Puter darf nie in Wasser liegenbleiben. Anschließend gut abtrocknen. Reiben Sie den Puter innen und außen mit Salz ein. Rechnen Sie dabei etwa 1/3 Teel. pro Pfund. Um die Öffnung zu schließen, stechen Sie Geflügelnadeln ein. Die Nadeln verbinden Sie mit einem Zwirnsfaden (wie man einen Schuh schnürt). Die Beine mit einem Faden zusammenbinden, wenn sie nicht schon unter ein Stück Haut geschoben sind. Biegen Sie die Flügelspitzen unter den Körper, und ziehen Sie die lockere Halshaut nach unten.
Legen Sie zwei große Stücke Alufolie kreuzweise in einen großen Bräter. Darauf kommt der Puter, die Brustseite nach oben. Die Puterbrust belegen Sie mit Scheiben rohen Frühstücksspeck. Dann klappen Sie die Enden der Alufolie hoch. Der Puter muß völlig eingewickelt sein.
20 Minuten bei 200° braten. Dann die Temperatur auf 180° herunterschalten. Die weitere Backzeit berechnen Sie folgendermaßen: Wiegt der Puter mehr als 10 Pfund, rechnen Sie 15 Minuten pro Pfund; wiegt er unter 10 Pfund, rechnen Sie 20 Minuten pro Pfund.
Zusammen 0 g KH

Füllung

1 Rezept Mandelfüllung (siehe unten).
Nachdem Sie den Vogel innen gesalzen haben, füllen Sie ihn locker mit der Füllung.
Rechnen Sie pro Pfund Füllung weitere 5 Minuten Bratzeit hinzu.

Mandelfüllung

1/2 Tasse Butter
1/2 Tasse feingehackte Zwiebeln
225 g geräucherter Schinken, durch den Fleischwolf gedreht
1/4 Tasse gehackte Petersilie
1/2 Teel. Thymian
1/2 Teel. frisch gemahlener Pfeffer
1/2 Tasse Schweineschwarten-Chips, im Mixer zerkleinert
2 Eier
1/4 Tasse trockener Rotwein
2/3 Tasse blanchierte Mandeln

Butter in einem großen Schmortopf zergehen lassen. Zwiebeln hineingeben. Leicht anbräunen lassen. Schinken, die Gewürze und die Petersilie dazufügen und gründlich umrühren. Dann geben Sie zu dieser Mischung die Schwartenbrösel, Eier, Wein und Mandeln, und rühren alles noch einmal kräftig um.
Zusammen 41,6 g KH

Als Füllung für Huhn, Puter, Kalbsbraten und alles, was sonst noch eine Füllung braucht.

Fische und Schalentiere

Fisch in Weinsauce 4 Portionen

1 Tasse Butter (ungesalzen) oder Margarine
1/2 feingehackte Knoblauchzehe
1/2 Tasse feingehackte Zwiebeln
1/2 Teel. Gewürzsalz (nach Wahl)
4 Fischfilet (nach Jahreszeit und nach Belieben)
1 verquirltes Ei
1/4 Tasse geriebener Parmesankäse
2 Eßl. trockener Sherry
1/4 Tasse Sauterne

Die Butter in einer Pfanne zergehen lassen. Knoblauch, Zwiebel und Salz dazugeben und braten, bis die Zwiebeln goldbraun sind. Beiseite stellen.
Den Fisch waschen und trocknen. Dann wälzen Sie den Fisch zunächst im verquirlten Ei und anschließend im Parmesankäse. Die panierten Fischfilets in die Bratpfanne zu der Knoblauchmischung geben und auf beiden Seiten schön braun backen. Jetzt gießen Sie den Wein und den Sherry dazu und lassen alles zusammen für 10 Minuten köcheln.
Zusammen 13,0 g KH
Pro Portion 6,0 g KH

Forelle in Tomatensauce 4 Portionen

2 mittelgroße Forellen
5 Eßl. Tomatensauce
8 Eßl. Apfelessig
3 Eßl. Maisöl oder Safloröl
1 Eßl. geriebene Zwiebel
4 Tropfen Tabascosauce (nach Wahl)
1 Prise Süßstoff

Die Forellen waschen und filetieren. Die Forellenfilets in gut 1 cm große Stücke schneiden und in einer flachen Schale appetitlich arrangieren.
Die restlichen Zutaten gut miteinander vermischen und über den Fisch geben, so daß er bedeckt ist. 24 Stunden im Eisschrank stehen lassen.
Wenn Ihnen Hering lieber ist und es gerade frischen Hering gibt, können Sie das gleiche Rezept benutzen. Nachdem Sie den Hering zerlegt haben, legen Sie die Filets in eine flache Schale und bedecken sie mit kaltem Tee. Über Nacht in den Eisschrank stellen, damit das überschüssige Salz entfernt wird. Dann richten Sie sich nach obigem Rezept.
Zusammen 9,7 g KH
Pro Portion 2,4 g KH

Lachs-Mousse mit Dill 10 Portionen

2 Blatt Gelatine (ohne Geschmack)
1 1/2 Tassen kaltes Wasser
2/3 Tasse saure Sahne
1 Tasse Mayonnaise
675 g frischen Lachs, gekocht, ohne Haut und Gräten
1/2 Teel. Zwiebelpulver
1 Eßl. Kapern
2 Teel. Dill
1 Tasse feingehackte, geschälte, grüne Gurke
1 Teel. Salz

Die Gelatine in kaltem Wasser nach Vorschrift einweichen. Später unter Rühren erhitzen, bis sie völlig aufgelöst ist. Abkühlen lassen.
Die saure Sahne mit der Mayonnaise vermengen und die Gelatine unterziehen. Diese Masse stellen Sie in den Eisschrank, bis sie beginnt, steifzuwerden.

Jetzt zerpflücken Sie den Lachs, geben Zwiebelpulver, Kapern, Dill, Gurke und Salz dazu und vermischen alles gründlich mit der sahnigen Gelatinemasse. Diese Mischung geben Sie in eine Puddingform, stellen sie in den Eisschrank, bis sie fest wird, und stürzen sie dann auf eine Platte um.
Zusammen 19,6 g KH
Pro Portion 2,0 g KH

Schmeckt gut mit Senfsauce (s. Register)

Pikanter Lachs 6 Portionen

225 g in Scheiben geschnittene Champignons
1 Tasse Weißwein
1/4 Tasse Zitronensaft
2 Eßl. geriebene Zwiebeln
1/2 Teel. Gewürzsalz (nach Belieben)
8 Eßl. Pflanzenmargarine, Zimmertemperatur
1/2 Teel. getrockneter Estragon
1/2 Teel. Schnittlauchröllchen
6 Lachssteaks

Die Pilze in Wein und Zitronensaft marinieren.
Die Margarine mit Zwiebeln, Salz, Estragon und Schnittlauch schaumig schlagen.
Die Hälfte der Zwiebelmischung in der Bratpfanne zergehen lassen und darin die Lachssteaks von beiden Seiten bräunen.
Wenn die Steaks schön braun sind, geben Sie die restliche Zwiebelmischung dazu und anschließend die Pilze mitsamt der Marinade. Zudecken und 15 Minuten ziehen lassen, dabei immer wieder übergießen.
Zusammen 28,9 g KH
Pro Portion 4,8 g KH

Gegrillter frischer Lachs 2 Portionen

2 mittelgroße Steaks von frischem Lachs, 2–3cm dick
Zitronensaft (mit frischem Limonensaft schmeckt es noch etwas zarter)
Butter
Salz
frisch gemahlener schwarzer Pfeffer
4 Prisen getrockneter Estragon
1/2 Tasse trockener Weißwein

Geben Sie die Lachssteaks in eine flache feuerfeste Form. Mit Zitrone beträufeln und großzügig mit Butterflöckchen belegen. Mit Salz und Pfeffer würzen und auf jedes Steak eine Prise getrocknete Estragonblätter streuen. Dann den Wein dazugießen (neben die Steaks, nicht darüber).
Die Form in den Ofen, und zwar etwa 10cm unter die Grillröhre stellen. Ungefähr 10 bis 12 Minuten grillen, dabei die Steaks im letzten Teil der Grillzeit vorsichtig begießen, damit die Kräuter darauf liegenbleiben. Dann drehen Sie die Steaks um, würzen sie wie vorher und lassen sie weitere 5 bis 6 Minuten unter dem Grill. Wenn sich die Gewürze durch die Hitze »festgesetzt« haben, vorsichtig übergießen. Die Haut sollte knusprig werden. Sehr gut aufpassen!
Zusammen 4,0 g KH
Pro Portion 2,0 g KH

Braucht viel Fingerspitzengefühl!

Traumhafte Flunder 6 Portionen

1350 g Flunderfilet
Zitronensaft
Salz und Pfeffer nach Geschmack
1 Teel. getrockneter Estragon
2 Tassen saure Sahne
1 Eßl. Schnittlauchröllchen
Petersilie

Den Ofen auf 180° vorheizen.
Eine ausreichend große Backform mit Pflanzenmargarine dünn ausfetten. Die Filets mit Zitronensaft, Salz und Pfeffer einreiben und in die Backform legen. Mit Estragon bestreuen und mit der sauren Sahne begießen. Bei 180° für 15 Minuten im Ofen backen.
Aus dem Ofen nehmen, mit Schnittlauch und Petersilie bestreuen und gleich servieren.
Zusammen 21,4 g KH
Pro Portion 3,6 g KH

Der Name sagt alles!

Fenchel-Seezunge 4 Portionen

4 Seezungenfilets
1/2 Tasse Pflanzenmargarine, Zimmertemperatur
1/4 Teel. Fenchelsamen
1/2 Teel. Zitronensaft
1/4 Teel. getrockneter Estragon
1/4 zerdrückte Knoblauchzehe
Gewürzsalz nach Geschmack
1/4 Tasse Safloröl
1 Teel. geriebene Zitronenschale
1/2 Lorbeerblatt

Den Fisch waschen und abtrocknen.
Vermischen Sie die Margarine mit Fenchelsamen, Zitronensaft, Estragon, Knoblauch und Salz, und streichen Sie diese Margarinemischung auf die Fischfilets. Dann rollen Sie die Filets zusammen und befestigen sie mit Spießchen.
Machen Sie eine Marinade aus Öl, abgeriebener Zitronenschale und Lorbeerblatt. Gießen Sie die Marinade über die Filetröllchen, und stellen Sie diese für eine Stunde in den Eisschrank. Nach einer halben Stunde einmal wenden.
Den Fisch abtropfen lassen und unter den Grill legen, wiederholt mit der Marinade bepinseln und jeweils 5 Minuten auf beiden Seiten grillen.
Zusammen 3,2 g KH
Pro Portion 0,8 g KH

Gefüllter Fisch 6 Portionen

900 g Seezungen- oder Schollenfilets
Salz nach Geschmack
3 Scheiben kleingeschnittener Frühstücksspeck
115 g Champignons, in Scheiben geschnitten
1/4 Tasse gewürfelter Sellerie
2 Eßl. gehackte Zwiebel
1 Knoblauchzehe, feingehackt
1 Eßl. Petersilie
3 Eßl. zerlassene Margarine
1/2 Tasse Weißwein
1/4 Tasse geriebener Parmesan
Paprika nach Geschmack

Den Ofen auf 180° vorheizen.
Die Filets mit Salz einreiben und gut 10 Minuten ziehen lassen.
Speck, Pilze, Sellerie und Zwiebeln in der Pfanne braten, bis das

Gemüse weich und der Frühstücksspeck knusprig ist. 2 Minuten, bevor Sie die Pfanne vom Herd nehmen, geben Sie den Knoblauch dazu. Die Pfanne vom Herd nehmen und Petersilie untermischen. Diese Mischung auf die Fischfilets streichen, diese zusammenrollen und mit Zahnstochern feststecken.
Geben Sie 1 Eßl. zerlassene Margarine in eine feuerfeste Form, und legen Sie dann die Fischröllchen hinein. Die restliche Margarine über den Fisch gießen und den Wein dazugeben. Mit Parmesan und Paprika bestreuen und bei 180° ½ Stunde im Ofen backen.
Zusammen 21,4 g KH
Pro Portion 3,6 g KH

Heilbutt mit Currysauce 4 Portionen

4 große Scheiben Heilbutt
kochendes Wasser
2 Teel. Zitronensaft
1 Rezept Currysauce (s. Register)
1 Prise Paprika

Den Heilbutt in einen Schmortopf legen und ihn mit kochendem Wasser bedecken, dem der Zitronensaft beigegeben wurde. 10 bis 15 Minuten köcheln lassen, bis der Fisch gar ist.
Die Currysauce zubereiten.
Heben Sie den Fisch vorsichtig aus dem Wasser, und gießen Sie das Wasser weg. Dann den Fisch wieder zurücklegen und ihn mit der Currysauce übergießen. Etwas Paprika darüberstreuen und für 4 bis 5 Minuten erhitzen.
Vor dem Servieren legen Sie den Fisch auf eine Platte und bestreuen ihn noch mit etwas Paprika.
Zusammen 13,3 g KH
Pro Portion 4,4 g KH

Der Pfiff liegt in dem Curry-Geschmack!

Fisch mit Mandelsplittern 4 Portionen

4 Seezungenfilets (675 g)
Salz und Pfeffer
2 Eßl. Butter
1 Eßl. Pflanzenöl
1/4 Tasse gehackte Petersilie
1 zerdrückte Knoblauchzehe
3 Eßl. Zitronensaft
1/4 Tasse Mandelsplitter

Das Fischfilet mit Salz und Pfeffer würzen.
Öl und Butter in der Pfanne zergehen lassen. Den Fisch darin von beiden Seiten anbraten, insgesamt etwa 5 Minuten. Vom Herd nehmen und Petersilie, Knoblauch und Zitronensaft darübergeben. Wieder auf den Herd stellen und noch einmal 5 Minuten köcheln lassen, bis der Fisch etwas flockig wird. Mit Mandelsplittern garnieren.
Zusammen 14,2 g KH
Pro Portion 3,6 g KH

Sagenhaft einfach!

Fisch Oriental 2 Portionen

2 Eßl. Butter oder Margarine
2 Eßl. gehackte Zwiebeln
3 Scheiben gekochter Schinken
1 zerdrückte Knoblauchzehe
1/2 Tasse Sojabohnensprößlinge
1/4 Kohlkopf, geraspelt
4 Flunderfilets
2/3 Tasse Hühnerbrühe
1 Prise Paprika

Den Ofen auf 180 Grad vorheizen.
Die Butter in einer Pfanne zergehen lassen und die Zwiebeln darin schwenken, bis sie weich sind. Dann geben Sie den Schinken und den Knoblauch dazu. Nach drei Minuten die Bohnen hinzufügen und alles für weitere 3 bis 4 Minuten unter ständigem Umrühren auf dem Feuer lassen.
Legen Sie die Fischfilets in eine feuerfeste Form. Vermengen Sie den geraspelten Kohl mit den Sojabohnensprößlingen und geben Sie das Gemüse über den Fisch. Mit der Brühe übergießen und mit Paprika bestreuen. Die Form mit Alufolie oder einem Deckel zudecken und bei 180° 30 Minuten im Ofen bakken.
Zusammen 13,8 g KH
Pro Portion 7,0 g KH

Gebackenes Fischbrot 6 Portionen

2 Tassen Thunfisch oder Lachs aus der Dose, oder 450g gekochtes Fischfilet
2 Teel. gehackte Zwiebeln
2 Teel. Kapern
1 Tasse Mayonnaise
1/2 Tasse Wasser
1/2 Tasse flüssige Sahne
1/2 Teel. Salz
1/4 Teel. Paprika
1/2 Teel. Curry (nach Geschmack auch gern mehr)

Den Ofen auf 180° erhitzen.
Den Fisch gut abtropfen lassen und zerpflücken. Zwiebeln und Kapern zum Fisch geben.
Mayonnaise, Wasser, Sahne, Salz und Paprika in einen Topf geben und gründlich miteinander verrühren. Die Hälfte dieser Sahnesauce mit dem Fisch vermengen und diese Mischung

dann in eine gebutterte Kastenform füllen. Bei 180° für 30 Minuten im Ofen backen.
Unter die restliche Sauce den Curry rühren. Wenn Sie das Fischbrot servieren, schneiden Sie es in Scheiben und übergießen es mit der Sauce.
Zusammen 9,9 g KH
Pro Portion 1,6 g KH

Die Sauce ist das Eigentliche!

Gegrillte Hummerschwänze mit Estragon 2 Portionen

4 tiefgefrorene Hummerschwänze
1/2 Tasse Butter
1 Eßl. Schnittlauchröllchen (frisch oder getrocknet)
1 Teel. getrockneter Estragon
1/2 Teel. scharfer Senf
Gewürzsalz nach Geschmack

Den weichen Teil des Schwanzes und der Scheren herausnehmen, nachdem Sie die harte Schale mit einem Hammer oder Hackmesser zerschlagen haben.
Stellen Sie eine Marinade aus geschmolzener Butter, Schnittlauchröllchen, Estragon, Senf und Salz her und reiben Sie damit die Hummerschwänze großzügig ein. Mehrere Stunden ziehen lassen.
Die Hummerschwänze aus der Marinade nehmen und etwa 10 cm von der Grillflamme entfernt 10 bis 15 Minuten grillen, dabei immer wieder mit der Marinade bestreichen.
Zusammen 2,1 g KH
Pro Portion 1,1 g KH

Etwas ganz Besonderes!

Krabben in Wein 6 Portionen

675 g frische Krabben (oder Shrimps)
1 Tasse trockener Weißwein
1/4 Tasse Butter
1/4 Tasse trockener Sherry
1/2 Teel. Knoblauchpulver
1/4 Tasse geriebener Parmesan
Salz nach Geschmack

Marinieren Sie die Krabben gute 2 Stunden in Weißwein, und tropfen Sie sie dann ab.
Lassen Sie in einer großen Pfanne die Butter aus. Geben Sie die Krabben und den Sherry dazu. Mit Knoblauchpulver bestreuen und 10 Minuten köcheln lassen. Dann mit Salz abschmecken und den Parmesan darüberstreuen.
Heiß servieren.
Zusammen 11,7 g KH
Pro Portion 2,0 g KH

Krabben-Curry mit Eiern 6 Portionen

5 Eßl. Butter
450 g gekochte Krabben (oder Shrimps) oder Dosenkrabben
1 Tasse Mayonnaise
2/3 Tasse Wasser
1/2 Tasse flüssige Sahne
1 Teel. Currypulver (nach Geschmack auch gern mehr)
1/2 Teel. Cayennepfeffer
6 Eier

2 Eßl. Butter in einem Topf zergehen lassen, die Krabben dazugeben. Unter Rühren 3 Minuten leicht erhitzen. Vom Feuer nehmen.

In einer Pfanne Mayonnaise, 1/2 Tasse Wasser, Sahne, Currypulver und Cayenne erhitzen und glattrühren. Abschmecken und gegebenenfalls noch mit etwas Curry nachwürzen. In diese Sauce geben Sie jetzt unter leichtem Umrühren die Krabben.

Für die Rühreier:

Die Eier in eine Schüssel schlagen, das restliche Wasser dazugeben und gut verrühren. In einer Pfanne 3 Eßl. Butter bei mäßiger Hitze zergehen lassen, die Eier in die Pfanne geben und einmal umrühren. Warten, bis die Eier etwas anstocken, und wieder umrühren. Diese Prozedur wiederholen Sie, bis die Rühreier fertig sind.
Pro Portion 2 Eßl. Rühreier auf einen Teller geben und darüber 2 Eßl. Krabben mit Currysauce gießen.
Zusammen 18,3 g KH
Pro Portion 3,0 g KH

Rührreier anstatt Reis – köstlich!

Pastas oder Beilagen

Gnocchi 8 Portionen

450 g Quark oder Ricottakäse
225 g Doppelrahm-Frischkäse oder Boursin
4 verquirlte Eier
2 Eßl. Sojamehl (vollfett)
1 Prise Salz, Cayennepfeffer und Muskatnuß
225 g zerlassene Butter (ungesalzen)
½ Tasse geriebener Parmesan

Den Quark und den Doppelrahm-Frischkäse durch ein feines Sieb streichen.
Die verquirlten Eier mit einem elektrischen Rührstab unter die Quarkmasse mischen, dann nach und nach das Sojamehl und die Gewürze dazurühren. Eine Stunde in den Eisschrank stellen.
Einen Topf mit möglichst großer Oberfläche mit Wasser füllen. Einmal brausend aufkochen lassen und dann die Temperatur so klein stellen, daß das Wasser nur noch köchelt. Jetzt geben Sie die Quarkmasse teelöffelweise in das köchelnde Wasser (die Bällchen sinken zunächst auf den Boden und steigen dann nach oben). Lassen Sie die Gnocchi ungefähr 20 Minuten auf dem köchelnden Wasser schwimmen. Dann vorsichtig mit einer Schaumkelle aus dem Wasser heben und auf saugfähigem Küchenpapier abtropfen lassen.
Zerlassen Sie in einer großen feuerfesten Glas- oder Backform 115 g Butter und legen Sie die Gnocchi dort hinein. Mit der restlichen Butter übergießen und den Parmesan darüberstreuen.
Sie können die Gnocchi sofort servieren, im Ofen bei geringer Hitze warmhalten oder im Eisschrank aufbewahren und dann wieder aufwärmen.
Zusammen 32,0 g KH
Pro Portion 4,0 g KH

Wenn Sie statt des Doppelrahm-Frischkäses Boursin nehmen, werden die Gnocchi sehr viel würziger.

Eine wirklich köstliche Beilage!

Pasta 12 Stück

1/3 Tasse Sojamehl
1/2 Tasse Wasser
3 Eier
1 Eßl. Öl

Alle Zutaten in einen Mixer geben und rühren, bis der Teig glatt ist.
Nehmen Sie eine leicht geölte Crêpe-Pfanne oder eine Bratpfanne von 12 bis 15 cm Durchmesser. Wenn die Pfanne heiß genug ist (das ist sie, wenn ein Tropfen Wasser zischend verdampft), füllen Sie drei Eßl. von dem Pfannkuchenteig hinein. Die Pfanne schräg halten, damit sich der Teig gleichmäßig verteilt. Die Pfannkuchen sollten möglichst dünn sein. Auf beiden Seiten goldbraun backen (pro Seite etwa 1 Minute). Legen Sie die fertigen Pfannkuchen auf Pergament- oder Wachspapier, bis alle ausgebacken sind.
Diese Pfannkuchen sind sehr zart, also vorsichtig damit umgehen. Wenn sie Ihnen nicht gleich beim ersten Mal gelingen, nicht aufgeben. Versuchen Sie es noch einmal. Wenn nötig, geben Sie noch etwas Öl in die Pfanne.
Sie können die Pfannkuchen gern einen Tag vorher backen und im Eisschrank aufbewahren (jeweils ein Stück Wachs- oder Pergamentpapier dazwischenlegen).
Zusammen 24,6 g KH
Pro Stück 2,1 g KH

Eine gute Beilage für alle, die Kohlehydrate meiden!

Falsche Makkaroni mit Käse 8 Portionen

450 g grob gehackter, gekochter Schinken
1 Tasse kleingeschnittene Pilze
1/2 Tasse gehackte Zwiebeln
3 Eßl. Butter
1/4 Teel. Gewürzsalz
1 1/2 Tassen flüssige Schlagsahne
2 1/2 Tassen scharfer, geriebener Cheddarkäse
1/2 Pasta Rezept (s. Register), kleingeschnitten
Butter

Den Backofen auf 180° vorheizen.
Schinken, Pilze und Zwiebeln in Butter anbraten. Salzen. Vom Feuer nehmen. Die flüssige Schlagsahne und 2 Tassen geriebenen Cheddarkäse unterrühren. Wieder auf den Herd stellen und köcheln lassen, bis der Käse geschmolzen ist (keinesfalls brodelnd kochen!).
Schnetzeln Sie die Pasta und rühren Sie die Streifen unter die Mischung. Alles zusammen in eine gebutterte Auflaufform füllen, mit der restlichen 1/2 Tasse Cheddarkäse bestreuen und bei 180° eine halbe Stunde in den Backofen stellen.
Zusammen 53,2 g KH
Pro Portion 6,7 g KH

Etwas gaaanz Besonderes!

Manicotti 12 Stück

1/2 Rezept Pastasauce (s. Register)
1 Rezept Pasta (s. Register)

Für die Füllung:
450 g Ricottakäse
175 g Mozzarellakäse

2 Teel. Petersilie
5 Eßl. geriebener Parmesankäse
2 Eier

Den Backofen auf 150° vorheizen.
Bereiten Sie 7 Tassen Pastasauce und 12 Pasta-Pfannkuchen.
Vermengen Sie in einer Schüssel Ricotta- und Mozzarellakäse, Petersilie, 2 Eßl. Parmesan und die Eier.
Danach bedecken Sie den Boden einer feuerfesten Form mit einer dünnen Schicht Pastasauce.
Geben Sie in die Mitte eines Pfannkuchens gut 2 Eßl. der Ricotta-Mischung und rollen Sie den Pfannkuchen wie eine große Nudel zusammen. Mit der Nahtstelle nach unten in die feuerfeste Form auf die Sauce legen. Diese Prozedur mit allen Pfannkuchen wiederholen und sie nebeneinander in die Form legen. Die restliche Sauce darübergießen und mit den restlichen 3 Eßl. Parmesan überstreuen. Bei 150° im Ofen 20 Minuten backen.
Zusammen 64,8 g KH
Pro Stück 7,2 g KH

Das ist ein Gericht, das wir immer für Gäste machen – es schmeckt auch Nichtabnehmern ausgesprochen gut!

Enchiladas 6 Portionen

Machen Sie 1 Rezept Pasta (s. Register) und legen Sie die fertigen Pfannkuchen auf Pergamentpapier zur Seite, damit sie später gefüllt werden. Sie können die Pasta auch schon einen Tag vorher backen und in den Eisschrank legen (jeweils ein Stück Wachs- oder Pergamentpapier zwischenlegen).
675 g Schweinehack
3 gehackte Knoblauchzehen
3 Teel. Chilipulver

3 Eßl. Apfelessig
1 Eßl. Öl
1 225-g-Dose Tomatensauce
Die gleiche Menge Wasser
1/2 Teel. Kümmel
6 oder 7 Tropfen Tabascosauce (oder nach Geschmack)
1 Teel. Salz (oder nach Geschmack)
1 1/2 Tassen geriebener Cheddarkäse
3 Teel. gehackte Zwiebeln

Den Ofen auf 180° vorheizen.
In einer Schüssel Schweinehack, Knoblauch, 2 Teel. Chili und den Essig vermengen.
Das Öl in einer Pfanne erhitzen und darin die Zwiebeln bei mittlerer Hitze 3 bis 4 Minuten schwenken, bis sie weich sind.
Das Gehackte zu einem großen Kloß formen und zu den Zwiebeln in die Pfanne geben. Während das Fleisch bräunt, fällt der Kloß langsam auseinander. Gründlich durchschmoren. Alles Fett abgießen und beiseite stellen.

Die Sauce:

Geben Sie die Tomatensauce, Wasser, Kümmel, 1 Teel. Chili, Tabascosauce und Salz in einen Topf. 1/2 Stunde köcheln lassen.
In eine Auflaufform (25 cm x 35 cm) 1/2 Tasse Sauce gießen. Auf einen Pfannkuchen einen gehäuften Eßl. der Fleischmischung geben, den Pfannkuchen zusammenklappen und in die Auflaufform legen. Das gleiche mit den übrigen Pfannkuchen machen und dann die restliche Sauce über die Pfannkuchen gießen.
Bei 180° für 15 Minuten in den Backofen schieben, dann mit dem restlichen Käse bestreuen und noch einmal 5 Minuten überbacken, bis der Käse heiß ist und Blasen wirft.
Zusammen 39,5 g KH
Pro Portion 6,6 g KH

Nudelpudding 8 Portionen

1/4 l saure Sahne
225 g Quark
1/4 Tasse flüssige Schlagsahne
1 Teel. Salz
1 Tasse geviertelte Walnüssc
3 Eßl. zerlassene Butter
zerbröselte Schweineschwarten-Chips
1/2 Rezept Pasta (s. Register)
Süßstoff entsprechend 2 Teel. braunem Zucker
1/2 Teel. Zimt.

Den Backofen auf 190° vorheizen.
Alle Zutaten bis auf Schweineschwarten-Chips, Pasta, Süßstoff und Zimt gut miteinander vermischen, in eine feuerfeste Form geben und mit Schweineschwartenbröseln bestreuen.
Im Backofen bei 190° für 1 1/2 Stunden backen.
Schneiden Sie die Pasta in feine Streifen, die wie Nudeln aussehen. Geben Sie die Pastastreifen in die gekochte Käsemischung und rühren Sie den Süßstoff und den Zimt darunter. Lassen Sie den Nudelpudding noch einmal 15 Minuten bei 125° im Ofen stehen. Noch etwas Schwartenbrösel darüberstreuen und gleich servieren.
Zusammen 67,0 g KH
Pro Portion 8,4 g KH

Nur für Nudel-Puddingfreunde!

Gemüse

Blumenkohl in Butter 6 Portionen

450 g Blumenkohlröschen
5 Eßl. Butter
Salz und Pfeffer nach Geschmack

(Denken Sie beim Einkaufen daran, daß Strunk und Blätter auch ihr Gewicht haben, kaufen Sie also einen entsprechend schweren Blumenkohl, so daß Sie 450 g geputzte Blumenkohlröschen haben.)
Den Blumenkohl waschen und von äußeren Blättern und vom Strunk befreien, Druckstellen herausschneiden und in Röschen zerteilen.
Die Blumenkohlröschen in einem Topf mit knapp 3 cm gesalzenem, kochendem Wasser 10 bis 15 Minuten ziehen lassen. Gut abgetropft in eine Schüssel geben.
Die Butter in einem kleinen Tiegel zergehen lassen und über die heißen Blumenkohlröschen gießen. Nach Geschmack mit Salz und Pfeffer würzen.
Zusammen 24,2 g KH
Pro Portion 4,0 g KH

Schmeckt auch gut, wenn Sie statt der Butter Käsesauce nehmen (s. Register)

Blumenkohl in Käsesauce 6 Portionen

450 g Blumenkohlröschen
1 Rezept Käsesauce (s. Register)

Bereiten Sie den Blumenkohl entsprechend den Anweisungen für Blumenkohl in Butter vor (s. Register).
Lassen Sie die Butter weg, und nehmen Sie statt dessen Käsesauce (3 Eßl. pro Portion).
Zusammen 36,7 g KH
Pro Portion 6,1 g KH

Blumenkohl mit scharfer Sauce 6 Portionen

2 Tassen gewaschene und geputzte Blumenkohlröschen
3 Eßl. Mais- oder Safloröl
2 Knoblauchzehen
2 Eßl. gehackte Zwiebeln
1 Teel. Paprika
2 Teel. Essig
2 Eßl. Blumenkohlwasser
1/4 Teel. Salz (oder nach Geschmack)

Die Blumenkohlröschen in so viel Wasser garkochen, daß sie gerade bedeckt sind (10 bis 15 Minuten).
In einer kleinen Pfanne das Öl erhitzen und darin die Knoblauchzehen bräunen. Dann nehmen Sie die Knoblauchzehen heraus und geben die Zwiebeln hinein, die Sie solange schwenken, bis sie weich und glasig sind. Vom Feuer nehmen, Paprika, Essig, Wasser und Salz dazugeben, gut verrühren und alles zusammen erhitzen. Die Sauce über den gut abgetropften Blumenkohl gießen und 10 Minuten köcheln lassen.
Zusammen 28,9 g KH
Pro Portion 4,6 g KH

Blumenkohl nach italienischer Art 6 Portionen

450 g Blumenkohlröschen
1/2 Tasse Olivenöl
1/2 Teel. Knoblauchpulver
Pfeffer nach Geschmack
1/2 Tasse geriebener Parmesankäse

Blumenkohl waschen und putzen, von Strünken und Druckstellen befreien. Die Blumenkohlröschen in einen Topf mit knapp 3 cm hohem gesalzenem, kochendem Wasser geben und

etwa 6 bis 7 Minuten kochen (der Blumenkohl muß noch ganz knackig und fest sein). Dann erhitzen Sie das Olivenöl in einer Pfanne, geben den Blumenkohl dort hinein, bestreuen ihn mit dem Knoblauchpulver und schwenken ihn in dem Öl, bis er leicht gebräunt ist. Etwas Pfeffer dazugeben.
Die Blumenkohlröschen auf einer vorgewärmten Platte anrichten und mit Parmesan bestreuen.
Zusammen 26,1 g KH
Pro Portion 4,3 g KH

Schmeckt genauso gut wie es riecht!

Gebackener Spinat 4 Portionen

3/4 Tasse Spinat (1/2 Paket tiefgefrorener oder 3 Tassen frischer Spinat)
1/4 Tasse Wasser
3 Eßl. Olivenöl
3 Eßl. Butter
3 Eßl. gehackte Zwiebeln
1 gehackte Knoblauchzehe
2 hauchdünn geschnittene, große Scheiben geräucherter Schinken
5 Eier
3 Eßl. flüssige Sahne
1 Prise schwarzer Pfeffer
3 Eßl. geriebener Parmesankäse

Den Backofen auf 180° vorheizen.
Den Spinat gründlich waschen und von allem Sand befreien. Nicht abtrocknen. Den Spinat in einen Topf mit Wasser geben, zudecken und etwa 6 Minuten dämpfen. Dann in einem Sieb gründlich abtropfen lassen.
Erhitzen Sie Öl und Butter in einer Pfanne, geben Sie den

Schinken mit Salz und Knoblauch dazu. Langsam schmoren lassen, bis die Zwiebeln leicht gebräunt sind. Diese Mischung geben Sie zu dem Spinat und lassen ihn 5 Minuten köcheln.
Die Eier mit der flüssigen Sahne und Pfeffer verquirlen. In das verquirlte Ei geben Sie die Spinatmischung und den Parmesan und verrühren alles gut miteinander.
Pinseln Sie eine quadratische Auflaufform (20cm) mit Öl etwas aus, füllen Sie die Spinatmischung hinein und backen Sie das Ganze 30 Minuten bei 180° im Ofen. In 4 kleine Quadrate aufschneiden und servieren.
Zusammen 16,5 g KH
Pro Portion 4,5 g KH

Sie werden keine Schwierigkeiten haben, dafür begeisterte Abnehmer zu finden!

Pikante Zucchini 6 Portionen

6 kleine Zucchini
4 Champignons
3 Eßl. Olivenöl
3 Eßl. gehackte Zwiebeln
1/2 Tasse geriebener Parmesankäse
1/2 Dose (110g) Tomatensauce
1 gehackte Knoblauchzehe
1 Teel. Glutamat

Den Backofen auf 180° vorheizen.
Die Zucchini waschen, Enden abschneiden, in 3mm dicke Scheiben schneiden und beiseite stellen.
Die Pilze putzen und in Scheiben schneiden.
Das Olivenöl in einem Schmortopf erhitzen, die Zucchini, Pilze und Zwiebeln hinzutun. Mit einem Deckel verschließen und bei mäßiger Hitze 15 Minuten unter gelegentlichem Umrühren schmoren lassen.

Füllen Sie jetzt die Zucchinimischung in eine Auflaufform und geben Sie die Hälfte vom Parmesankäse, die Tomatensauce, den Knoblauch und das Glutamat dazu. Mit einer Gabel umrühren und mit dem restlichen Käse überstreuen.
Bei 180° für 30 Minuten im Ofen backen.
Zusammen 31,5 g KH
Pro Portion 5,2 g KH

Wird alle für Gemüse begeistern!

Gefüllte Zucchini 4 Portionen

2 mittelgroße Zucchini
90 g Ricottakäse
1 Teel. feingehackte Petersilie
1 gehackte Zwiebel
1 steifgeschlagenes Eiweiß
1 225-g-Dose Tomatensauce

Den Backofen auf 150° vorheizen.
Die Zucchini der Länge nach halbieren und mit einem Löffel das Fruchtmark herausschälen.
Den Ricottakäse mit der Petersilie und den Zwiebeln gründlich vermischen und dann vorsichtig das Eiweiß darunterziehen. Diese Mischung in die Zucchinihälften füllen. Dann die Zucchini in eine Auflaufform legen und mit der Tomatensauce übergießen.
10 Minuten im Ofen bei 150° überbacken, dann die Temperatur auf 125° herunterstellen und weitere 30 Minuten backen lassen, dabei die Zucchini des öfteren mit der Tomatensauce übergießen.
Zusammen 35,2 g KH
Pro Portion 8,8 g KH

Eine Freude für Gemüseliebhaber!

Zucchini mit Sahnesauce gefüllt 6 Portionen

6 mittelgroße Zucchini
3 Eßl. Mayonnaise
2 Eßl. geriebener Parmesankäse
1/2 Tasse in Scheiben geschnittene Champignons
4 hauchdünne, große Scheiben Räucherschinken, kleingeschnitten
1 Eigelb
1 Teel. Salz
1/2 Teel. Pfeffer
1/2 Teel. Oregano
3 Eßl. Olivenöl

Den Ofen auf 190° vorheizen.
Geben Sie die Zucchini in einen großen Topf mit kochendem Wasser und kochen Sie diese 5 Minuten. Die Zucchini herausnehmen und sie der Länge nach halbieren. Das Innere mit einem Löffel herausschälen und beiseite stellen.
Vermengen Sie das Innere der Zucchini mit Mayonnaise, Parmesan, Pilzen, Schinken, Eigelb, Salz, Pfeffer und Oregano.
Legen Sie die Zucchinihälften in eine flache, gebutterte Auflaufform, und füllen Sie jede Hälfte mit der Mischung. Olivenöl darüberträufeln und bei 190° 30 Minuten im Ofen backen.
Zusammen 29,9 g KH
Pro Portion 5,0 g KH

Das ist eines unserer Lieblingsgerichte.

Brechbohnen Amandine 4 Portionen

450 g frische oder tiefgefrorene Brechbohnen
225 g Champignons, in Scheiben geschnitten
4 Eßl. Butter
1/2 Teel. Gewürzsalz (nach Wahl)
1/4 Tasse Mandelsplitter

Die Brechbohnen zum Kochen vorbereiten. In etwas Wasser 10 Minuten köcheln lassen. Die Pilze in einer Pfanne mit der Butter leicht anbräunen, Salz und Mandelsplitter dazugeben. Dann geben Sie die abgetropften Bohnen in die Pfanne, gut mit den Pilzen vermengen und 4 Minuten schmoren lassen. Abschmecken und gegebenenfalls noch etwas würzen.
Zusammen 48,0 g KH
Pro Portion 12,0 g KH

Davon schwärmen alle!

Grüne Bohnen mit Oregano 6 Portionen

2 Eßl. Öl
2 Eßl. gehackte Zwiebeln
1 Knoblauchzehe
1 225-g-Dose Tomatensauce
1/4 Tasse Wasser
1/4 Teel. Oregano
1 250-g-Paket tiefgefrorene grüne Bohnen

Das Öl in einer Pfanne erhitzen und darin die Zwiebeln etwas anbräunen. Den Knoblauch dazugeben und weitere 2 Minuten schmoren. Die Tomatensauce, Wasser und Oregano hinzufügen und 10 Minuten köcheln lassen.
Die Bohnen entsprechend der Gebrauchsanweisung auf dem Paket zubereiten. In den letzten 5 Minuten die Tomatenmischung darübergeben, zudecken und noch 10 Minuten köcheln lassen.

Falls Sie dafür frische Bohnen nehmen:

450 g frische grüne Bohnen

Die Bohnen waschen und putzen. In einen Schmortopf geben und mit der Tomatensaucenmischung, die Sie nur 5 Minuten

haben köcheln lassen, vermengen. Deckel drauf, und die Bohnen 40 Minuten (bis sie zart sind) in der Sauce leicht kochen lassen. Gegebenenfalls noch etwas Wasser dazugießen.
Zusammen 32,7 g KH
Pro Portion 5,4 g KH

Falsche Kartoffelklöße 12 Stück

1/2 Blumenkohl (1 Tasse pürierte Blumenkohlröschen)
2 verquirlte Eier
1/2 Tasse geriebener Parmesankäse
1 Teel. Petersilie
1 Teel. Muskatnuß
4 Eßl. Sojamehl
1 Eßl. Salz
4 Eßl. Butter

Den Blumenkohl kochen, bis er gar ist (etwa 25 Minuten). Mit einer Gabel oder Kartoffelstampfer zerdrücken. Eier, Parmesan, Petersilie, Muskatnuß und Sojamehl dazugeben und gut vermischen. Aus dieser Masse formen Sie walnußgroße Kugeln. Einen großen Topf mit Wasser sprudelnd aufkochen lassen, Salz hineingeben. Dann legen Sie die Blumenkohlbällchen ins Wasser. Sobald sie an die Oberfläche steigen, mit einer Schaumkelle herausnehmen.
Die Butter in einer Pfanne zergehen lassen und darin die Klöße ringsherum schön braun braten.
Zusammen 45,3 g KH
Pro Stück 3,1 g KH

Schmeckt gut in Suppen, als Beilage oder als Hors d'œuvre.

Eier und Spargel mit Sahnesauce 6 Portionen

1 Dose Spargelspitzen oder
450 g frischer, gekochter Spargel
1 Tasse Mayonnaise
1/2 Tasse Wasser
1/2 Tasse flüssige Sahne
6 hartgekochte Eier, in Scheiben geschnitten
Paprika

Den Ofen auf 180° vorheizen.
Den Spargel gut abtropfen lassen und die Spargelstangen halbieren.
In einem Topf erhitzen Sie unter ständigem Rühren die Mayonnaise mit dem Wasser und der flüssigen Sahne.
Schichten Sie in eine gebutterte Auflaufform abwechselnd eine Lage Eierscheiben, Sahnesauce, eine Lage Spargel, und zum Schluß wieder eine Lage Eierscheiben. Alles mit der restlichen Sauce übergießen und etwas Paprika darüberstreuen.
10 Minuten bei 180° im Ofen backen.
Zusammen 19,3 g KH
Pro Portion 3,3 g KH

Läßt sich auch in feuerfesten Portionsschüsselchen backen.

Spargel mit Parmesan 8 Portionen

900 g frischer Spargel oder 3 Pakete gefrorene Spargelspitzen
1/2 Tasse zerlassene Butter
1/2 Tasse geriebener Parmesankäse

Den Ofen auf 200° vorheizen.
Den frischen Spargel schälen, holzige Enden abschneiden. Kochen, bis der Spargel zart, aber noch fest ist. (Tiefgefrorenen

Spargel 2 Minuten weniger kochen, als auf dem Paket angegeben ist.) Gut abtropfen lassen. Den Spargel nebeneinander in eine flache, feuerfeste Form legen. Die zerlassene Butter darübergießen und mit dem Parmesankäse bestreuen.
Bei 200° 10 Minuten im Ofen backen (Käse und Spargel sollten leicht gebräunt sein).
Zusammen 28,4 g KH
Pro Portion 3,7 g KH

Schön aufpassen – nicht verkochen!

Petersilienzwiebeln 6 Portionen

18 weiße Zwiebeln, geschält
Gewürzsalz nach Geschmack
Süßstoff nach Geschmack
1 Eßl. Öl
2 Eßl. Butter
1/2 Tasse Hühnerbrühe
3 Eßl. Petersilie

Bestreuen Sie die Zwiebeln mit etwas Salz und Süßstoff. Öl und Butter bei mittlerer Hitze in einer Bratpfanne erhitzen.
Die Zwiebeln in dem Fett schwenken, bis sie leicht angebräunt sind (etwa 5 Minuten). Geben Sie dann die Hühnerbrühe dazu, decken den Deckel darauf und lassen bei mäßiger Hitze 1/2 Stunde köcheln. Mehrmals umrühren, so daß die Zwiebeln überzogen sind.
Mit Petersilie garnieren.
Zusammen 39,8 g KH
Pro Portion 6,6 g KH

Auberginen zum Sattessen 3 Portionen

1 mittelgroße Aubergine
1 Schüssel gesalzenes Wasser
Olivenöl
1 Ei und ein Eigelb
$^1/_4$ Tasse flüssige Schlagsahne
$^1/_4$ Teel. Muskatnuß
$^1/_4$ Teel. Gewürzsalz (nach Wahl)
$^1/_4$ Tasse geriebener Parmesankäse
$^1/_2$ Tasse Tomatensauce
$^1/_4$ Tasse geriebener Schweizer Käse

Den Ofen auf 190° vorheizen.
Die Auberginen schälen, in dünne Scheiben schneiden und in die Schüssel mit Salzwasser legen. Lassen Sie die Auberginenscheiben gute 10 Minuten darin ziehen. Dann herausnehmen und sie mit einem Tuch trockentupfen.
Olivenöl in eine Bratpfanne gießen, so daß ihr Boden ca. 3 mm hoch bedeckt ist und darin die Auberginenscheiben von beiden Seiten schön braun backen. (Gegebenenfalls noch etwas Öl dazugeben.) Die Auberginen in eine Auflaufform legen.
Verquirlen Sie die Eier mit der Sahne, Muskatnuß, Salz und Parmesan, und gießen Sie sie dann über die Auberginen in die Auflaufform. In den Ofen schieben und bei 190° für $^1/_2$ Stunde backen.
Die $^1/_2$ Tasse Tomatensauce warm machen, über die Auberginen gießen und dann den Schweizer Käse darüberstreuen. Stellen Sie die Auflaufform noch einmal kurz unter den Grill, bis der Käse geschmolzen ist.
Zusammen 29,0 g KH
Pro Portion 9,7 g KH

Auberginen mit Käsefüllung 8 Portionen

4 mittelgroße Auberginen
2 mittelgroße Zwiebeln
3 Eßl. Butter
3 Tassen zerbröckelter Käse
1/2 Tasse geriebener Parmesankäse
1/4 Tasse Ricottakäse
1 Ei
2 Eßl. gehackte Petersilie
Gewürzsalz (nach Wahl)

Den Backofen auf 180° vorheizen.
Die Auberginen der Länge nach halbieren. Das Fruchtfleisch mit einem Löffel herausschälen, kleinhacken und beiseite stellen. Die Auberginenschalen aufbewahren.
Die Zwiebeln in einem Schmortopf mit der Butter etwas anbräunen, dann das Auberginenfleisch dazugeben und noch einmal für 5 Minuten schmoren lassen. Diese Mischung in eine Schüssel geben und abkühlen lassen.
Den Käse, das verquirlte Ei, die Petersilie und etwas Salz zu der Auberginenmischung dazutun, und alles gut miteinander vermischen. Dann in die ausgehöhlten Auberginenhälften füllen.
Im Ofen bei 180° 40 Minuten backen.
Zusammen 62,1 g KH
Pro Portion 6,8 g KH

Kann als Hauptgericht und als Vorspeise gereicht werden.

Auberginen »Kleiner Schuh« 8 Portionen

4 mittelgroße Auberginen
2 Eßl. Butter oder Margarine
4 Eßl. Zwiebeln

1 Knoblauchzehe
450 g Rinderhack (oder Hammelhack)
1 225-g-Dose Tomatensauce
1 Teel. Kümmel
1 Teel. Petersilie
1 Teel. Gewürzsalz (nach Wahl)
Pfeffer nach Geschmack
1 Ei
1 Eßl. Wasser
1 Eßl. Zitronensaft
1/4 Tasse geriebener Parmesankäse

Den Backofen auf 200° vorheizen.
Die Auberginen waschen (nicht schälen). Die ganzen Auberginen in gesalztem, kochendem Wasser 5 Minuten ankochen. Herausnehmen. Der Länge nach halbieren. Mit einem Löffel das Fleisch herausschälen, so daß ein Rand von etwa 7mm Stärke bleibt. Das Auberginenfleisch kleinhacken.
Zerlassen Sie die Butter in einem Schmortopf und geben Sie die Zwiebeln und die Knoblauchzehe dazu. 3 Minuten schmoren lassen und dann das Rinderhack und das gehackte Auberginenfleisch hineingeben. Umrühren und leicht anbräunen. Dann die Tomatensauce, Kümmel, Petersilie, Salz und Pfeffer (nach Geschmack) beimengen. Bei mäßiger Hitze solange köcheln lassen, bis alle Flüssigkeit verkocht ist.
Legen Sie die Auberginenhälften in einen mit etwas Öl ausgepinselten Bräter oder in eine große, flache feuerfeste Form, und füllen Sie sie mit der Hackfleischmischung.
Jetzt verquirlen Sie das Ei mit dem Wasser und dem Zitronensaft und gießen es über die Auberginen. Alles mit dem Parmesan überstreuen und dann 20 Minuten bei 180° im Ofen backen, bis die Oberfläche leicht gebräunt ist.
Zusammen 60,5 g KH
Pro Portion 7,5 g KH

Grüne Gurken köstlich serviert 4 Portionen

4 geschälte und entkernte grüne Gurken
1/2 Teel. Gewürzsalz (nach Wahl)
1/2 Teel. Estragon-Essig
1/4 Tasse zerlassene Butter
1 Eßl. Dill (durch die Kräutermühle gedreht)
1 Eßl. Schnittlauch (durch die Kräutermühle gedreht)
1 Eßl. geriebene Zwiebel
1/4 Tasse flüssige Schlagsahne
2 Eßl. Petersilie (durch die Kräutermühle gedreht)
geriebener Parmesankäse

Den Backofen auf 190° vorheizen.
Schneiden Sie die Gurken in mundgerechte Stücke. Salzen und mit Essig beträufeln. Bei Zimmertemperatur mindestens 2 Stunden ziehen lassen. Abtropfen lassen und dann mit Küchenkrepp gründlich trocknen.
Legen Sie die Gurke zusammen mit Butter, Dill, Schnittlauch und Zwiebeln in eine feuerfeste Form. In den Ofen stellen und 25 Minuten bei 190° backen.
Aus dem Ofen nehmen, die flüssige Schlagsahne dazugeben und unter ständigem Umrühren auf mittlerer Hitze 5 Minuten köcheln lassen (keinesfalls aufkochen lassen!). Die Sahne muß etwas andicken.
Mit Petersilie und etwas Parmesan bestreuen und anrichten.
Zusammen 24,7 g KH
Pro Portion 6,2 g KH

Kein alltägliches Rezept – einfach köstlich!

Verrückter Kohl 8 Portionen

1 Kohlkopf
1 gehackte Zwiebel
115 g Frühstücksspeck
2 Knoblauchzehen
2 Eßl. Olivenöl
1/4 Tasse gehackte Petersilie
1 Ei
1 Eßl. geriebener Parmesankäse
Gewürzsalz nach Geschmack
1 Tasse Hühnerbrühe

Den Ofen auf 190° vorheizen.
Den Kohl in Salzwasser 15 Minuten kochen und dann unter fließendem kaltem Wasser abspülen. Höhlen Sie vorsichtig den Kohlkopf aus, so daß die äußeren Blätter ganz bleiben.
Das Kohlinnere zerhacken und zusammen mit Zwiebeln, Frühstücksspeck und Knoblauch in Olivenöl anschmoren.
Verquirlen Sie das Ei mit Petersilie und Parmesan, und gießen Sie diese Mischung zu dem Kohl. Alles gut miteinander verrühren.
Legen Sie jetzt eine tiefe Auflaufform mit einem Streifen Alufolie aus, und legen Sie das Kohlkopfgehäuse darauf, den Sie jetzt mit der geschmorten Masse füllen und dann mit Hühnerbrühe übergießen.
Zugedeckt 1 Stunde bei 190° im Ofen backen. Dann den Deckel abnehmen und noch einmal 1/2 Stunde backen lassen.
Den Kohlkopf mit der Alufolie aus der Auflaufform heben und vorsichtig in eine Schüssel legen und sofort servieren.
Zusammen 37,8 g KH
Pro Portion 4,7 g KH

Pilzpfannkuchen 2 Portionen

Zubereitung wie bei den Ungarischen Schinkenpfannkuchen (s. Register), nur daß Sie statt des Schinkens 225 g Champignons nehmen.
Zusammen 16,0 g KH
Pro Portion 8,0 g KH

Ratatouille 12 Portionen, pro Portion 1/2 Tasse

4 1/2 Eßl. Olivenöl
3 mittelgroße Zucchini, ungeschält, in 2 bis 3 cm große Würfel geschnitten
1/2 mittelgroße Aubergine, ungeschält, in 4 cm große Würfel geschnitten
2 mittelgroße Zwiebeln, gehackt
5 zerdrückte Knoblauchzehen
2 grüne Paprikaschoten, kleingehackt
1 225-g-Dose Tomatensauce
1/2 Teel. Thymian
1 Teel. Basilikum
1/4 Tasse feingehackte Petersilie
Zitronenspalten
Salz und Pfeffer nach Geschmack

Erhitzen Sie 2 1/2 Eßl. Olivenöl in einem großen Schmortopf, geben Sie die Zucchini und die Auberginen dort hinein. Nach Geschmack mit Salz und Pfeffer würzen. Ungefähr 10 Minuten unter gelegentlichem Umrühren schmoren lassen.
Erhitzen Sie die restlichen 2 Eßl. Olivenöl in einem anderen Topf. Die Zwiebeln, den Knoblauch und die Paprikaschoten dazugeben und etwas anbräunen. Gießen Sie nun die Tomatensauce dazu, und lassen Sie alles zusammen unter gelegentlichem Umrühren etwa 10 Minuten köcheln.

Dann die Zucchini und die Auberginen aus dem anderen Topf beischütten, mit Basilikum, Thymian und Petersilie würzen, und alles zusammen in eine große Kasserolle umfüllen, zudekken und bei 180° für ungefähr 20 Minuten, bis das Gemüse gar ist, in den Ofen stellen.
Zusammen 48,6 g KH
Pro Portion 4,0 g KH

Diese Gemüsesuppe ist so aromatisch, daß Sie sich davon einen Vorrat einfrieren sollten; dann haben Sie immer etwas Gutes für die kleinen Zwischenmahlzeiten zur Hand.

Saucen für Fleisch, Geflügel, Fisch, Pasta, Gemüse und Süßspeisen

Schnelle Sahnesauce Ergibt 16 Eßl.

1/2 Tasse Mayonnaise
1/4 Tasse Wasser
1/4 Tasse flüssige Schlagsahne

Geben Sie alle Zutaten in einen kleinen Topf. Bei kleiner Hitze unter ständigem Umrühren erwärmen, bis die Sauce glatt ist.
Zusammen 4,6 g KH
Pro Eßl. 0,3 g KH

Zu gekochtem oder rohem Gemüse oder zu Fisch servieren.

Sahnesauce Ergibt 24 Eßl.

115 g ungesalzene Butter
3 Eigelb
1/4 Tasse Wasser
1/4 Tasse flüssige Schlagsahne
1 Prise Muskatnuß

Geben Sie die Butter ins Wasserbad (dabei über heißes, nicht kochendes Wasser). Fügen Sie nacheinander die Eigelbe hinzu, währenddessen Sie die Mischung mit einem elektrischen Quirl oder mit einem Schneebesen ständig gut durchschlagen. Wasser und flüssige Schlagsahne dazugeben. 7 bis 10 Minuten weiterschlagen, bis die Sauce dick wird. Zur Verzierung etwas Muskatnuß darüberstreuen.
Zusammen 4,1 g KH

Zu Cannelloni mit Huhn servieren (s. Register).

Schinken-Sahnesauce Ergibt 1 1/2 Tassen

5 Scheiben Frühstücksspeck
3 Eßl. kleingehackte Zwiebeln
1/2 Tasse Mayonnaise
1/4 Tasse flüssige Schlagsahne
2 kleingehackte hartgekochte Eier
1 Teel. Zitronensaft
1/2 Teel. Dijon-Senf
1/4 Teel. Thymian
1/4 Teel. gemahlener Pfeffer
Süßstoff entsprechend 1/4 Teel. Zucker

Den Frühstücksspeck in einer Pfanne knusprig braun braten, dann auf Küchenkrepp abtropfen lassen.
Die Pfanne beiseite stellen. Das ausgelassene Fett bis auf 2 Eßl. fortgießen. Die Pfanne abkühlen lassen.
Dann geben Sie Zwiebeln, Mayonnaise, flüssige Sahne, Eier, Zitronensaft, Senf, Süßstoff, Thymian und Pfeffer in die Pfanne und rühren das Ganze gut um. Bröseln Sie den Frühstücksspeck in die Pfanne und rühren Sie alles noch einmal um.
Die Sauce vor dem Servieren für mehrere Stunden in den Eisschrank stellen.
Zusammen 14,2 g KH
Pro Eßl. 0,6 g KH

Zu heißem oder kaltem Gemüse servieren. Schmeckt aber auch zu rohem Gemüse.

Gefrorene Meerrettich-Creme Ergibt 19 Eßl.

1 Tasse flüssige Schlagsahne
2 Eßl. geriebener Meerrettich
1 Eßl. Gewürzsalz (nach Belieben)
2 Eßl. Dijon-Senf

Die Schlagsahne steif schlagen.
Verrühren Sie den Meerrettich mit Salz und Senf und ziehen Sie diese Mischung dann vorsichtig unter die geschlagene Sahne. Einfrieren, bis alles eine feste Masse ist.
Zusammen 11,3 g KH
Pro Portion 0,6 g KH

Gibt einen kräftigen Geschmack – zu Rippchen oder Rinderbrühe servieren (s. Register).

Avocadocreme-Sauce Ergibt 12 Eßl.

2 Eßl. Mayonnaise
1 Prise Knoblauchpulver
1 kleingehacktes Anchovis-Filet
4 Eßl. saure Sahne
1/2 Teel. Zitronensaft
1/2 Avocado
1/2 Teel. Gewürzsalz (nach Belieben)
1/2 Teel. Roquefortkäse, zerkrümelt
2 dünne Scheiben gekochter Schinken

Alle Zutaten in einen Mixer geben. Den Mixer bei mittlerer Geschwindigkeitsstufe laufen lassen, bis die Sauce glatt ist (wenn sie zu dick ist, geben Sie noch etwas Wasser dazu).
Mindestens 1 Stunde in den Kühlschrank stellen.
Mit Fleisch oder Gemüse servieren.
Zusammen 10,8 g KH
Pro Eßl. 0,9 g KH

Ein wirklicher Geschmacksverbesserer!

Sauce Hollandaise Ergibt 1 1/2 Tassen

2 Eßl. Estragon-Essig
1/2 Teel. Gewürzsalz (nach Belieben)
1 Eßl. kaltes Wasser
4 Eigelb
2 Tassen Butter (Zimmertemperatur)
1 Teel. Zitronensaft
1 Teel. flüssige Schlagsahne

Essig und Salz in einen Topf geben und schnell aufkochen und zur Hälfte verdampfen lassen. Den Topf vom Herd nehmen und das Wasser hineinschütten. Nun die Eigelbe in den Topf geben und mit einem Schneebesen cremig schlagen.
Dann stellen Sie den Topf ins Wasserbad und fügen Stück für Stück die Butter hinzu. Während die Butter schmilzt, die Masse tüchtig mit dem Schneebesen schlagen.
Sobald die Sauce dick ist, fügen Sie Zitronensaft und flüssige Schlagsahne hinzu. Noch einmal tüchtig durchschlagen. Warm halten und gleich servieren.
Zusammen 5,3 g KH

Cocktail-Sauce Ergibt 1 Tasse

1 225-g-Dose Tomatensauce
1 Eßl. Meerrettich
1 Teel. Worcestershire-Sauce
1 Teel. Zitronensaft

Alle Zutaten gut miteinander vermischen und eiskalt werden lassen.
Zusammen 18,4 g KH
Pro Eßl. 1,2 g KH

Käsesauce Ergibt 18 Eßl.

3/4 Tasse flüssige Sahne
1/3 Tasse Wasser
340 g Cheddarkäse (in Würfeln)
1 Teel. Senf
1 Teel. Salz
1/2 Teel. Paprika

Geben Sie alle Zutaten ins Wasserbad. Das Wasser köcheln lassen. Die Käsesauce so lange umrühren, bis alles glatt ist.
Zusammen 12,5 g KH
Pro Eßl. 0,6 g KH

Probieren Sie diese Sauce mal mit Blumenkohl in Butter und Florentiner Eiern (s. Register)

Sauce Tartare Ergibt 16 Eßl.

3/4 Tasse Mayonnaise
1 Eßl. Estragon-Essig
1 Teel. sehr fein gehackte Zwiebeln
1 Teel. Kapern
1 Teel. feingehackte Pickles
1 Teel. feingehackte schwarze Oliven
1 Teel. feingehackte Petersilie

Alle Zutaten gut miteinander vermischen.
In einem verschließbaren Behälter im Eisschrank aufbewahren. Hält sich mehrere Wochen.
Zusammen 4,6 g KH
Pro Eßl. 0,3 g KH

Mornay Sauce Ergibt 20 Eßl.

2 Eßl. Butter
1/2 Teel. Gewürzsalz (nach Belieben) oder Salz
1 Prise Cayenne-Pfeffer
1/2 Teel. Dijon-Senf
1 Tasse flüssige Schlagsahne
1/4 Tasse geriebener Parmesankäse
2 Eßl. Mayonnaise
1/4 Teel. scharfer Senf

Butter schmelzen, Salz, Pfeffer, scharfen Senf und Dijon-Senf dazugeben. Vom Feuer nehmen und die flüssige Schlagsahne darunterrühren.
Auf schwacher Flamme unter ständigem Rühren zum Köcheln bringen (nicht zum Kochen). Parmesan und Mayonnaise einrühren und weitere zwei Minuten köcheln lassen.
Heiß servieren.
Zusammen 9,6 g KH
Pro Eßl. 0,5 g KH

Pilzsauce Ergibt 26 Eßl.

2 Eßl. Butter
1/2 Tasse Pilze
2 Teel. gehackte Zwiebeln
1 Rezept Schnelle Sahnesauce (s. Register)

Butter in der Pfanne zergehen lassen. Pilze und Zwiebeln in der Butter schwenken, bis sie weich und leicht gebräunt sind.
Unter die Sahnesauce rühren und 5 Minuten köcheln lassen.
Zusammen 10,6 g KH
Pro Eßl. 0,4 g KH

Versuchen Sie die Pilzsauce mit »Köstlichen Pfannkuchen« (s. Register)

Pasta-Sauce

Ergibt 7 Tassen,
reicht für 14 Personen

2 Schweinekoteletts
5 Eßl. Olivenöl
6 225-g-Dosen Tomatensauce
Die halbe Menge Wasser
3 große, zerdrückte Knoblauchzehen
1 Teel. Salz
450 g milde oder scharfe Italienische Würstchen
450 g Gehacktes
1 Teel. Oregano
1 Teel. Thymian
Süßstoff entsprechend 2 Teel. Zucker oder nach Geschmack

Braten Sie die Schweinekoteletts mit 2 Eßl. Olivenöl in einem großen Bratentopf gut an, so daß sie rundherum braun werden. Dann Tomatensauce, Wasser, Knoblauch und Salz dazugeben und alles zum Kochen bringen. Eine Weile kochen lassen.
Geben Sie die Würstchen in eine beschichtete Pfanne, ohne Öl, und stechen Sie sie mit einer Gabel ein. Lassen Sie die Würstchen so lange in der Pfanne, bis sie ringsherum braun sind, dann in fingerdicke Scheiben schneiden. Die Würstchenscheiben gut abtropfen lassen und dann zu den Koteletts geben.
Geben Sie das Gehackte mit 3 Eßl. Olivenöl in eine Bratpfanne, und zwar zu einem großen Kloß geformt, der während des Bratens langsam zerfällt (dadurch bleibt das Fleisch schön saftig). Wenn es leicht gebräunt ist, geben Sie es ebenfalls zu den Koteletts und lassen alles zusammen unter gelegentlichem Umrühren 3 Stunden köcheln.
In der letzten halben Stunde Oregano und Thymian dazugeben.
Zum Schluß die Pasta-Sauce mit Süßstoff abschmecken.
Zusammen 82,8 g KH
Pro Portion 5,9 g KH

Halten Sie sich davon einen Vorrat in der Gefriertruhe, Sie werden es oft brauchen.

Curry-Kümmel-Sauce Ergibt 2 Tassen

1 Tasse Mayonnaise
1/2 Tasse Wasser
1/2 Tasse flüssige Sahne
1 Teel. Currypulver (nach Belieben)
1 Teel. Kümmel (nach Belieben)
1/2 Teel. Cayennepfeffer

Alle Zutaten in einem Topf erhitzen und dabei umrühren, bis die Sauce glatt und geschmeidig ist.
Den Currygeschmack überprüfen, gegebenenfalls nachwürzen.
Zusammen 11,1 g KH

Intensiviert den Geschmack aller Speisen, die Sie damit verfeinern.

Petersilienbutter-Sauce 4 Portionen

4 Stengel Petersilie, gehackt (nur das Obere)
1 kleine, feingehackte Knoblauchzehe
115 g ungesalzene Butter, geschmolzen
1/4 Teel. Worcestershire-Sauce

Petersilie und Knoblauch in die geschmolzene Butter geben. Eine Minute bei mittlerer Hitze kochen lassen, dann die Worcestershire-Sauce hinzugeben.
Sofort heiß servieren.
(Sollten Sie die Sauce wieder aufwärmen wollen, dann nur auf sehr kleiner Flamme).
Zusammen 3,6 g KH
Pro Portion 0,9 g KH

Zu Stuffed Steak servieren (s. Register)

Grüne Pasta-Sauce 6 Portionen

5 zerdrückte Knoblauchzehen
2 Teel. Basilikum, getrocknet
1/4 Teel. Thymian
1/4 Tasse geriebener Parmesankäse
4 Eßl. gehackte Walnüsse
6 Eßl. Olivenöl
6 Eßl. Butter
2 Eßl. gehackte Petersilie

Knoblauch, Basilikum, Thymian, Parmesan, Walnüsse und 2 Eßl. Olivenöl in einen Mixer geben. Rühren Sie die Zutaten so lange, bis alles eine glatte Masse ist. Dann geben Sie das restliche Öl löffelweise nach und nach zu, und mischen alles noch einmal.
Zu Pasta mit jeweils 1 Eßl. Butter pro Portion servieren.
Zusammen 12,1 g KH
Pro Portion 2,0 g KH

Senfsauce Ergibt 20 Eßl.

4 Eßl. Dijon-Senf
1 Tasse saure Sahne
2 Eßl. feingeschnittener Schnittlauch

Die Zutaten gut miteinander vermischen. Im Eisschrank kalt stellen.
Zusammen 14,9 g KH
Pro Eßl. 0,8 g KH

Zu frischem Lachs-Mousse oder Ei Foo Yung (s. Register)

Schokoladensauce Ergibt 8 Eßl.

1 Stück ungesüßte Kochschokolade
1/2 Tasse flüssige Schlagsahne
1 1/2 Teel. Vanille-Extrakt
Süßstoff entsprechend 1 Teel. Zucker

Geben Sie Schokolade und Schlagsahne in einen kleinen Topf, langsam erhitzen, jedoch nicht kochen lassen. Solange rühren, bis die Schokolade geschmolzen ist.
Den Topf vom Herd nehmen und Süßstoff und Vanille-Extrakt unterrühren.
Zusammen 14,9 g KH
Pro Eßl. 1,8 g KH

Mohn Dessert Dressing Ergibt 22 Eßl.

2 Eßl. Mohn
1 Prise Zwiebelpulver
1/2 Tasse Olivenöl
1/2 Tasse Pflanzenöl
1/3 Tasse weißen Essig
2 Eßl. Cointreau

Alle Zutaten mit dem Schneebesen verrühren.
Zusammen 13,0 g KH
Pro Eßl. 0,6 g KH

Erdbeersauce Ergibt 18 Eßl.

2 Tassen Erdbeeren (frische oder tiefgefrorene, ungesüßt)
2 Eßl. Kirschwasser

Die Erdbeeren mit einer Gabel zerdrücken. Das Kirschwasser darübergießen. Gut vermischen und kalt stellen.
Zusammen 39,0 g KH
Pro Eßl. 2,2 g KH

Zu Eis oder ganzen Erdbeeren servieren.

Salate und Salatsaucen

Teufelseier mit Krabben 6 Portionen

6 hartgekochte Eier, zum Füllen vorbereitet (siehe Register)
450 g zerkleinerte frische Krabben oder Dosenkrabben
1/2 Teel. Salz
1/2 Teel. scharfer Senf
2 Eßl. Mayonnaise
1 Rezept Currysauce (s. Register)
4 Rühreier (s. Register)

Backofen auf 180° vorheizen.
Die hartgekochten Eier zum Füllen vorbereiten, indem Sie diese längs halbieren und das Eigelb herausnehmen.
Vermengen Sie das Eigelb mit 6 Eßl. Krabben, Salz, Senf und Mayonnaise, und füllen Sie diese Mischung dann in die Eihälften.
Nun die Currysauce zubereiten nach Rezept (s. Register) und die Rühreier machen (Rezept s. ebenfalls Register).
Gießen Sie eine Schicht Currysauce in eine feuerfeste Form und schichten darauf die Rühreier. Legen Sie die gefüllten Teufelseier auf die Rühreier, und geben Sie in die Zwischenräume Krabben. Dann gießen Sie die restliche Sauce darüber und stellen die Form in den Ofen. 20 Minuten bei 180° backen.
Zusammen 24,7 g KH
Pro Portion 4,1 g KH

Versuchen Sie das mal mit kleingehackten Resten Hühnerfleisch

Thunfisch-Leckerei Ergibt 1 Tasse

1 200-g-Dose abgetropfter Thunfisch
175 g Doppelrahm-Frischkäse (Zimmertemperatur)
2 kleingehackte Selleriestangen
1/4 Tasse Mayonnaise
1 Teel. Gewürzsalz (nach Belieben)

Alle Zutaten gut miteinander verrühren und in den Eisschrank stellen. Kalt servieren. Sie können damit Salatblätter oder Selleriestangen füllen.
Zusammen 7,4 g KH

Thunfisch-Überraschung 2 Portionen

½ Tasse geschlagenen Doppelrahm-Frischkäse oder Quark
2 Eßl. flüssige Schlagsahne
2 Dosen Thunfisch (370 g)
1 Eßl. geriebener Meerrettich
1 Teel. Estragon
Salz und Pfeffer nach Geschmack
6 Scheiben geräucherter Lachs
Gehackter grüner Salat
Zitronenspalten

Verrühren Sie den Frischkäse mit der Sahne in einer Schüssel und mengen Sie den zerbröckelten Thunfisch, Meerrettich, Estragon, Salz und Pfeffer darunter. Diese Mischung streichen Sie auf die Lachsscheiben. Den Lachs zusammenrollen und mit einem Spießchen feststecken. Die Lachsröllchen betten Sie auf den gehackten Salat. Mit Zitronenspalten garnieren.
Zusammen 6,2 g KH
Pro Portion 3,1 g KH

Die Überraschung liegt in dem Geschmack!

Schneller Lachssalat 1 Portion

1 200-g-Dose Lachs
2 kleingehackte Schalotten
½ Selleriestange, in Würfel geschnitten
3 Eßl. Roquefort Dressing (s. Register)

Befreien Sie den Lachs von Haut und Gräten und bröckeln Sie ihn dann in eine Schüssel. Schalotten und Sellerie dazugeben und gut miteinander vermischen. Geben Sie diese Mischung in eine Salatschale und übergießen sie mit Roquefort Dressing. Sie können diesen Salat auch auf einem grünen Salatblatt anrichten.
Zusammen 2,6 g KH

Eingewickelter Hühnersalat 3 Portionen

1 Tasse kleingehackte Hühnerfleischreste
6 Eßl. Mayonnaise
2 Eßl. Dijon-Senf
1/4 Tasse gehackte Petersilie
1/4 Tasse gehackter Sellerie
1 Teel. Gewürzsalz (nach Belieben)
6 Scheiben gekochter Schinken
1/4 Kopfsalat, gehackt
Grüne Paprika, in Ringe geschnitten

Geben Sie das Hühnerfleisch in eine Schale. Die Mayonnaise mit dem Senf verrühren und über das Hühnerfleisch geben. Dann fügen Sie Petersilie, Sellerie und Salz hinzu. Alles gut miteinander vermischen. Streichen Sie diese Mischung auf die Schinkenscheiben, rollen Sie den Schinken zusammen, und stecken Sie die Rollen mit Spießchen fest. Die Schinkenrollen auf den gehackten Salat betten und mit den Paprikaringen garnieren.
Zusammen 16,4 g KH
Pro Portion 5,5 g KH

Huhn-und-Schinken-Rollen 4 Portionen

1 Tasse in Würfel geschnittenes Hühnerfleisch
1/4 Tasse Mayonnaise
1/4 Tasse gehackte Petersilie
1/4 Tasse gehackte Sellerieblätter
1 Teel. Gewürzsalz (nach Belieben)
6 in kleine Würfel geschnittene schwarze Oliven
4 Eßl. zerdrückter, frischer grüner Pfeffer
8 Scheiben gekochter Schinken
Salatblätter

Vermengen Sie alle Zutaten bis auf den Schinken und die Salatblätter. Streichen Sie die Mischung auf die Schinkenscheiben. Den Schinken zusammenrollen, mit Spießchen feststecken und auf die Salatblätter legen.
Zusammen 16,6 g KH
Pro Portion 4,2 g KH

Sie können gar nicht so schnell rollen, wie diese Röllchen gegessen werden!

Schinkensalat Donna 8 Portionen

340 g gekochter Schinken, in Würfel geschnitten
1/2 große grüne Paprikaschote, in Würfel geschnitten
4 Stangensellerie, kleingeschnitten
1/2 Tasse grob gehackte Walnüsse
1/4 Tasse saure Sahne
1/4 Tasse Mayonnaise
1/2 Teel. Currypulver
1/2 Teel. Zitronensaft
1/2 Teel. Sojasauce
1 Cantaloupe-Melone
8 Stengel Petersilie

Vermengen Sie Schinken, Paprika, Sellerie und Walnüsse. Dann geben Sie in der genannten Reihenfolge saure Sahne, Mayonnaise, Currypulver, Zitronensaft und Sojasauce hinzu. Gut verrühren und in den Eisschrank stellen.
Die Melone schälen und ihre Kerne entfernen, und dann in 8 Ringe schneiden.
Zusammen 34,1 g KH
Pro Portion 4,3 g KH

Ein für Gaumen und Auge hinreißender Salat!

Roastbeef-Salat 2 Portionen

1 Tasse in Streifen geschnittenes Roastbeaf (auch Bratenreste)
1/2 Tasse saure Sahne
1 Teel. Worcestershire-Sauce
2 Teel. kleingehackte Paprikaschoten
1 Teel. gehacktes Piment
1 Teel. gehackte, schwarze Oliven

Alle Zutaten gut miteinander vermengen.
Zusammen 6,0 g KH
Pro Portion 3,0 g KH

Man merkt dem Salat bestimmt nicht an, daß er ein Resteverwerter ist!

Eiersalat mit Speck 6 Portionen

9 hartgekochte Eier
9 Scheiben Frühstücksspeck, knusprig gebraten
1/2 Teel. Gewürzsalz
1/4 Teel. scharfer Senf
1/4 Tasse Mayonnaise

Hacken Sie die Eier und den Schinken klein, und geben Sie beides in eine Holzschale. Salz und Senf hinzufügen und dann die Mayonnaise sorgfältig unterrühren.
Zusammen 8,6 g KH
Pro Portion 1,5 g KH

Eine neue Variation eines alten Renners!

Selleriesalat 8 Portionen

6 Selleriestangen, gehackt
1 große, gehackte Zwiebel
3/4 Tasse Mayonnaise
1/4 Tasse saure Sahne
1/2 Tasse Dijon-Senf
Gewürzsalz nach Geschmack
1 Teel. Mohn

Geben Sie den Sellerie und die Zwiebel in eine Schüssel. Mayonnaise und saure Sahne unterrühren, Senf und Mohn dazu geben und mit Gewürzsalz abschmecken.
Im Eisschrank kalt werden lassen und dann auf Salatblättern anrichten.
Zusammen 34,6 g KH
Pro Portion 4,4 g KH

Cremig, knackig und köstlich!

Champignonsalat 6 Portionen

8 Scheiben Frühstücksspeck, gewürfelt
1 kleine, gehackte Zwiebel
2 Eßl. geschmolzene Butter
3 Eßl. Zitronensaft
2 Eßl. Petersilie
450 g in dünne Scheiben geschnittene Champignons
Geriebener Parmesankäse

Braten Sie den Frühstücksspeck, bis er glasig wird. Geben Sie die gehackte Zwiebel dazu und lassen Sie beides braten, bis der Frühstücksspeck knusprig und die Zwiebel goldgelb ist. Gießen Sie das Fett vom Frühstücksspeck ab. Butter, Zitronensaft und Petersilie in die Pfanne geben und einmal kurz aufkochen lassen.
Über die Pilze gießen und nach Geschmack mit Parmesan überstreuen.
Zusammen 29,3 g KH
Pro Portion 5,0 g KH

Eine Beilage, die fast jedes Gericht verbessert!

Marinierte Auberginen Ergibt 46 Eßl.

1 Aubergine
1 grüne Paprikaschote
1 Zwiebel
3 Eßl. Olivenöl
2 Eßl. Weinessig
Salz und Pfeffer nach Geschmack

Kochen Sie die Aubergine, bis sie weich ist. Abtropfen lassen, schälen, in Scheiben schneiden und abtrocknen.
Dann die Auberginenscheiben zusammen mit der Paprikaschote und der Zwiebel kleinhacken. Achten Sie darauf, daß das Gemüse wirklich fein zerhackt wird. Alles zusammen mit dem Olivenöl und Essig übergießen, gut vermischen und mit Salz und Pfeffer abschmecken.
In den Eisschrank stellen, weil es gut gekühlt am besten schmeckt.
Zusammen 32,3 g KH
Pro Portion 1,4 g KH

Als Beilage zu Fleisch, Fisch oder Eierspeisen.

Eingelegte Radieschen 8 Portionen; insgesamt 2 Tassen

40 Radieschen
Wasser
2 Teel. Gewürzsalz (nach Belieben)
1/2 Tasse saure Sahne
1 Eßl. Essig
1 Eßl. Schnittlauchröllchen

Geben Sie die Radieschen in einen Mixer, und gießen Sie soviel Wasser dazu, daß die Radieschen gerade bedeckt sind. Den Mixer auf mittlerer Geschwindigkeitsstufe laufen lassen, bis die Radieschen völlig zerkleinert sind (etwa 6 Sekunden).
Dann lassen Sie die Radieschen ungefähr eine halbe Stunde in einem Haarsieb abtropfen.
Die Radieschen in eine Schale geben und Salz, saure Sahne, Essig und Schnittlauch hinzufügen. Kühl stellen.
Zusammen 23,2 g KH
Pro Portion 3,0 g KH

Avocadosalat mit Spinat 6 Portionen

1 grobgehackte Zwiebel
2 Eßl. Butter
1 280-g-Paket tiefgefrorener, gehackter Spinat
2 hartgekochte Eier, gehackt
1 Avocado, geschält und gehackt
1/2 Eßl. Kümmelkörner
1/2 Tasse Vinaigrette Sahnedressing (s. Register)

Die Zwiebeln in Butter anbräunen.
Den Spinat entsprechend der Gebrauchsanleitung auf dem Paket zubereiten. Dann gut abtropfen lassen und mit Zwiebel, Ei, Avocado und Kümmel vermischen.

Alles zusammen in eine Salatschüssel füllen, mit Vinaigrette Sahnedressing übergießen. Bevor Sie den Salat servieren, noch einmal gut vermischen.
Zusammen 31,3 g KH
Pro Portion 5,3 g KH
Vinaigrette Sahnedressing (pro Eßl.) 0,3 g KH

Sieht genauso gut aus wie er schmeckt!

Avocado mit Krabbenfüllung 4 Portionen

1/2 Tasse Mayonnaise
1/2 Tasse kleingehackte Sellerie
1/4 Tasse Piment, durchgedreht
2 Eßl. Zitronensaft
1 Spritzer Tabascosauce
1/8 Teel. Worcestershire-Sauce
2 reife Avocados
Salz nach Geschmack
4 große Salatblätter
1 1/2 Tassen Krabbenfleisch (frisch gekocht oder aus der Dose) oder Hummerschwänze

Verrühren Sie die Mayonnaise mit Pfeffer, Zitronensaft, Tabasco, Worcestershire-Sauce und Sellerie zu einem Dressing. Die Avocados halbieren, entkernen, etwas salzen und mit ein wenig Zitronensaft beträufeln. Dann legen Sie die Avocadohälften jeweils auf ein Salatblatt, füllen sie mit dem Krabbenfleisch und geben zum Schluß den Dressing darüber.
Zusammen 43,2 g KH
Pro Portion 10,8 g KH

Ein ganz besonderer kleiner Imbiß!

Avocadosalat mit Krabben 6 Portionen

1 große Avocado, entkernt, geschält und in Würfel geschnitten
675 g Krabbenfleisch oder Thunfisch
2 Selleriestangen, gehackt
6 Radieschen, in Scheibchen geschnitten
4 Eßl. Zitronensaft
4 Eßl. Estragon-Essig
1/2 kleine gehackte Zwiebel
1/4 Teel. Cayennepfeffer
Gewürzsalz nach Geschmack

Alle Zutaten gut miteinander vermischen und mit dem Tausend-Inseln-Dressing (s. Register) anmachen.
Zusammen 29,5 g KH
Pro Portion 5,0 g KH

Ebenso wohlschmeckend wie beeindruckend (und teuer)!

Krautsalat nach Art des Hauses 6 Portionen, à 1/2 Tasse

1/4 Tasse Dijon-Senf
1/4 Tasse Mayonnaise
Süßstoff entsprechend 1/2 Teel. Zucker
1 Eßl. Zitronensaft
1/2 Teel. Salz
1 mittelgroßer Kohlkopf, geraspelt (3 Tassen)

Verrühren Sie die Mayonnaise mit Süßstoff, Zitronensaft und Salz. Den Kohl dazugeben und gut miteinander vermischen.
Zusammen 41,4 g KH
Pro Portion 7,0 g KH

Sie werden davon bestimmt genauso begeistert sein wie wir!

Spinatsalat Spezial 4 Portionen

450 g frischer Spinat
1 200-g-Dose Thunfisch, zerbröckelt
115 g Frühstücksspeck, knusprig gebraten und zerbröselt
1/4 Tasse geriebener Parmesankäse
1 1/2 Rezepte Dressing nach Art des Hauses (s. Register)

Den Spinat tüchtig waschen und von allem Sand befreien, dann gründlich abtrocknen und in eine Salatschüssel geben. Den Thunfisch und die Speckbrösel dazutun und alles gut miteinander vermischen. Parmesan darüberstreuen und mit dem Dressing übergießen. Noch einmal gut mischen.

Zusammen	26,5 g KH
Pro Portion	6,6 g KH
Dressing pro Portion	1,3 g KH

Nicht nur eine gute Zwischenmahlzeit!

Roquefortpastete 12 Portionen

1 Blatt ungesüßte Gelatine
1/4 Tasse kaltes Wasser
175 g Roquefortkäse
175 g Doppelrahm-Frischkäse, cremig gerührt
1/2 Tasse flüssige Schlagsahne
4 feingehackte Schalotten
2 Eßl. Pinienkerne
4 schwarze Oliven, kleingehackt
Gewürzsalz nach Geschmack

Weichen Sie die Gelatine in Wasser ein und lösen Sie sie durch Erhitzen auf. Streichen Sie den Roquefortkäse durch ein Sieb. Dann verrühren Sie den Doppelrahm-Frischkäse und die flüs-

sige Sahne mit dem Roquefortkäse. (Am besten mit einem elektrischen Handrührgerät.) Ziehen Sie unter diese Käsemischung die lauwarme Gelatine, Schalotten, Pinienkerne, Oliven und Salz.
Füllen Sie alles zusammen in eine hauchdünn ausgefettete Form. In den Eisschrank stellen. Gelegentlich vorsichtig umrühren, bis die Roquefortpastete erstarrt ist.
Zusammen 17,1 g KH
Pro Portion 1,4 g KH

Wer Roquefort mag, wird das praktisch zu allem essen.

Fruchtiger Hüttenkäse-Salat 6 Portionen

1/2 Teel. Salz
1 Teel. geriebene Zitronenschale (ungespritzt)
2 Eßl. Zitronensaft
1 Eßl. geriebene Apfelsinenschale (ungespritzt)
2 Tassen Hüttenkäse
1 Kopf grüner Salat
1/2 Tasse kleingeschnittene Erdbeeren

Verrühren Sie den Hüttenkäse mit Zitronenschale, Zitronensaft, Apfelsinenschale und Salz.
Den gewaschenen und abgetrockneten frischen Salat in eine Schale füllen. Den Hüttenkäse obenauf in die Mitte geben und ringsherum die Erdbeeren verteilen. So anrichten und erst unmittelbar zum Essen mischen.
Zusammen 39,8 g KH
Pro Portion 6,6 g KH

Hüttenkäse hat noch nie so gut geschmeckt!

Falscher Kartoffelsalat 8 Portionen, à ½ Tasse

1 mittelgroße gelbe Kohlrübe
Topf mit kochendem Wasser
Süßstoff entsprechend ½ Teel. Zucker
1 Eßl. Zitronensaft
½ Tasse feingehackte Schalotten
1 mittelgroßes Stück eingelegte Dillgurke, kleingehackt
1 Tasse feingehackter Sellerie mit Blättern
1½ Teel. Salz
1 Prise Paprika
¾ Tasse Mayonnaise
4 hartgekochte Eier, kleingehackt

Schälen Sie die Kohlrübe, und schneiden Sie sie in 4 Stücke. Die Stücke geben Sie in das kochende Wasser und kochen sie gar (etwa ½ Stunde). Gut abtropfen und kalt werden lassen.
Die kalte Kohlrübe in Würfel schneiden (es sollten etwa 2½ Tassen sein) und in eine Salatschale geben. Dann mit dem Süßstoff und Zitronensaft beträufeln und Schalotten, Dillgurke, Sellerie, Salz, Paprika und Mayonnaise dazugeben und gut miteinander vermischen. Zum Schluß mischen Sie die Eier unter den Salat.
Stellen Sie den Salat vor dem Anrichten in den Eisschrank, denn gekühlt schmeckt er am besten.
Zusammen 69,4 g KH
Pro Portion 8,7 g KH

Für alle, die Kartoffelsalat lieben – und selbst für die, die keinen mögen!

Grüner Salat mit Tomaten-Dressing 12 Portionen

2 Köpfe grüner Salat (Sie können auch Endivien-Salat nehmen)
2 Tomaten
6 Schalotten
1 Eßl. scharfer Senf
1/2 Teel. Knoblauchpulver
1 Eßl. Dijon-Senf
1 Teel. Gewürzsalz (nach Wahl)
2 Eßl. Olivenöl
2 Eßl. Estragon-Essig
4 Eßl. Gemüseöl
1 Eßl. Mayonnaise

Waschen Sie den Salat, trocknen ihn, zerpflücken Sie ihn in mundgerechte Stücke, und stellen Sie ihn in den Eisschrank.

Tomaten-Dressing

Die Tomaten abziehen (kurz in kochendes Wasser legen) und dann zusammen mit den Schalotten klein hacken. Die anderen Zutaten außer dem Salat hinzufügen und gut mit einem Schneebesen verschlagen. Dann ebenfalls in den Eisschrank stellen.
Unmittelbar vor dem Anrichten geben Sie den Salat in eine große Salatschüssel, gießen die Sauce darüber und vermischen beides miteinander.
Zusammen 42,5 g KH
Pro Portion 3,5 g KH

Können Sie praktisch zu allen Gerichten reichen

Bohnensalat 6 Portionen

450 g frische grüne Bohnen
1/2 Tasse Wasser
1/3 Tasse Weinessig
1/2 Tasse Olivenöl
1/2 Teel. Salz
1/2 Teel. Pfeffer
3 Eßl. Zwiebeln, in dünne Ringe geschnitten
2 feingehackte Knoblauchzehen
1/2 Teel. Oregano
1 Teel. Petersilie

Die Bohnen putzen und brechen, mit 1/2 Tasse Wasser in einen Topf geben und 10 Minuten köcheln lassen. Bewahren Sie 1/3 Tasse von dem Bohnenwasser auf, den Rest gießen Sie fort. Lassen Sie die Bohnen gut abtropfen. Dann vermischen Sie das Bohnenwasser mit Essig und Öl und würzen mit Salz, Pfeffer, Zwiebeln, Knoblauch, Oregano und Petersilie.
Geben Sie die Bohnen in einen verschließbaren Behälter. Gießen Sie die Sauce über die Bohnen und stellen Sie den verschlossenen Behälter über Nacht in den Eisschrank.
Zusammen 40,3 g KH
Pro Portion 6,4 g KH

Machen Sie davon reichlich – davon wird viel gegessen!

Ein nicht alltäglicher gemischter Salat 12 Portionen

225 g frischer Spinat, gründlich gewaschen und trockengetupft
1 kleiner Kopf Eissalat, gewaschen und im Salatsieb trockengeschleudert
100 g schwarze Oliven, in Scheiben geschnitten
1/2 Tasse kleingehackter Sellerie

5 gewürfelte Schalotten
1/2 Tasse gehackte Blumenkohlröschen
6 Radieschen, in Scheibchen geschnitten
1 Avacoda, geschält und kleingehackt
8 Scheiben Frühstücksspeck, knusprig gebraten und zerbröselt
2 weichgekochte Eier (2 Minuten)
1/2 Tasse Zitronensaft
1/4 Tasse Erdnußöl
1/4 Tasse geriebener Parmesankäse
Gewürzsalz nach Geschmack

Pflücken Sie den Spinat und den Salat in mundgerechte Stücke, und geben Sie das Gemüse und die Speckbrösel zusammen in eine Salatschale.
Die Sauce machen Sie, indem Sie die Eier mit Zitronensaft, Öl, Käse und Salz tüchtig miteinander verschlagen. Die Sauce über das Gemüse gießen und servieren.
Zusammen 51,7 g KH
Pro Portion 4,3 g KH

Können Sie zu allem, auch zu Ihrem liebsten Fleischgericht, essen!

Sauerkrautsalat 6 Portionen

450 g frisches Weinsauerkraut (nicht aus der Dose)
2 Selleriestangen, gehackt
1/2 große grüne Paprika, gehackt
1/2 große Zwiebel, gehackt
Süßstoff entsprechend 3/4 Teel. Zucker
1/2 Tasse Olivenöl
1/2 Tasse Weinessig

Das Sauerkraut in ein Sieb geben, unter fließendem, kaltem Wasser gründlich spülen. Lassen Sie das Sauerkraut dann abtropfen und pressen Sie es mit saugfähigem Küchenpapier trocken. Geben Sie das Kraut zusammen mit Sellerie, Paprika und Zwiebeln in eine Schüssel. Bereiten Sie die Sauce, indem Sie den Süßstoff mit Essig und Öl gründlich verrühren. Gießen Sie die Sauce über das Kraut. Gut miteinander vermischen und für 4 bis 5 Stunden in den Eischrank stellen. Kalt servieren.
Zusammen 36,8 g KH
Pro Portion 6,1 g KH

Ein pikanter Salat.

Honigmelone mit Meeresfrüchten 6 Portionen

1 Honigmelone (450g)
1 200-g-Dose Thunfisch
1 125-g-Dose Krabbenfleisch
1 mittelgroße Gurke, geschält und in kleine Würfel geschnitten
450 g frische Champignons, in Scheibchen geschnitten
1/2 Tasse Mayonnaise
2 Eßl. Tomatensauce
1/2 Teel. Gewürzsalz (nach Wahl)

Schneiden Sie die Melone der Länge nach in zwei Hälften und schälen Sie das Fruchtfleisch heraus, so daß ein etwa 5 mm dicker Rand übrig bleibt. Das Fruchtfleisch schneiden Sie zu kleinen Bällchen. Die Melonenhälften jeweils dritteln.
Vermengen Sie in einer Schüssel Thunfisch, Krabben (ein paar zum Garnieren beiseite legen), Gurke, Pilze und Melonenbällchen.
Stellen Sie aus Mayonnaise, Tomatensauce und Salz eine Sauce her, die Sie über die Krabbenmischung gießen, und vermischen Sie beides miteinander. Diese Mischung auf die Melonenscha-

len verteilen und zum Schluß mit ein paar Krabben garnieren.
Wenn Sie fettarm bevorzugen, nehmen Sie statt der Sauce den Saft einer Zitrone.
Zusammen 44,4 g KH
Pro Portion 7,3 g KH

Griechischer Salat 6 Portionen

1 große Tomate, in mundgerechte Stücke geschnitten
1/2 große grüne Paprikaschote, kleingeschnitten
1/2 große grüne Gurke, geschält und in kleine Würfel geschnitten
1 Glas (90g) entkernte, reife Oliven
3 gehackte Schalotten
2 Eßl. Kapern
115 g Fetakäse, zerbröckelt
12 dünne Scheiben Peperoni
4 Eßl. Olivenöl
2 Eßl. Weinessig
1/4 Teel. geschroteter Pfeffer
1/2 Teel. Oregano

Vermengen Sie Tomaten, Paprika, Gurke, Oliven, Schalotten, Kapern, Käse und Peperoni in einer Salatschüssel. Verrühren Sie Olivenöl, Essig, Pfeffer und Oregano zu einer Salatsauce, und gießen Sie diese über das Gemüse. Einmal gründlich mischen und anrichten.
Zusammen 25,0 g KH
Pro Portion 4,1 g KH

Ein wirklich köstlicher Salat – heizt alles an, auch den Appetit!

Unser liebstes Roquefort-Dressing Ergibt 1 Tasse

1/4 Tasse Estragon-Essig
1/4 Teel. Gewürzsalz
3 Umdrehungen mit der Pfeffermühle
6 Eßl. Olivenöl
2 Eßl. flüssige Schlagsahne
1/2 Teel. Zitronensaft
1/4 Tasse Roquefortkäse, zerbröckelt

Alle Zutaten gut miteinander verrühren und dann den Käse einrühren.
Zusammen 6,7 g KH

Grundrezept French Dressing Ergibt 1/2 Tasse

3 Eßl. Estragon-Essig
1 Eßl. Zitronensaft
1/2 Teel. Gewürzsalz (nach Wahl)
3 Umdrehungen mit der Pfeffermühle
6 Eßl. Olivenöl
2 Eßl. Pflanzenöl
1/2 Teel. Dijon-Senf
1/4 Teel. scharfer Senf

Alle Zutaten gründlich miteinander verrühren.
Zusammen 2,5 g KH

Sherry Dressing Ergibt 32 Eßl.

$^1/_2$ Tasse weißen Weinessig
$^1/_4$ Teel. weißer Pfeffer
$1^1/_2$ Tassen Olivenöl
$^1/_3$ Tasse Sherry
2 Eßl. gehackte Petersilie
Süßstoff entsprechend $^1/_8$ Teel. Zucker

Den Essig mit dem Pfeffer verrühren. Das Olivenöl dazugeben und mit einer Gabel schlagen, bis alles gut verrührt ist, und dann die restlichen Zutaten hinzufügen. In den Eisschrank stellen.
Zusammen 11,3 g KH
Pro Eßl. 0,4 g KH

Besonders gut zu kaltem Gemüse oder kaltem Obst.

Gurkendressing Ergibt 28 Eßl. oder $1^3/_4$ Tassen

1 Tasse saure Sahne
$^1/_4$ Tasse Estragon-Essig
$^1/_2$ Tasse feingewürfelte Gurke
1 Teel. Salz
Süßstoff entsprechend $^1/_4$ Teel. Zucker
1 Prise Paprika

Vermischen Sie alle Zutaten in einem Mixer, bis eine glatte Sauce entstanden ist.
Zusammen 16,7 g KH
Pro Eßl. 0,6 g KH

Verfeinert wirklich jeden Salat!

Saure-Sahne-Dressing Ergibt 19 Eßl.

1 Tasse saure Sahne
1 Teel. Dill (frisch oder getrocknet)
1 Eßl. Weinessig
1/2 Teel. Salz
2 Eßl. feingehackte grüne Paprikaschote

Die saure Sahne schlagen, bis sie schön glatt wird, dann die restlichen Zutaten dazugeben und gut miteinander verrühren.
Zusammen 14,0 g KH
Pro Eßl. 0,8 g KH

Russisches Dressing Ergibt 20 Eßl.

1/2 Tasse Mayonnaise
1/2 Tasse saure Sahne
1 Eßl. Dijon-Senf
1 Eßl. Worcestershire-Sauce
2 Eßl. Tomatensauce
1/2 Teel. geriebene Zwiebel
1/8 Teel. Knoblauchpulver

Alle Zutaten gut miteinander verrühren.
Zusammen 9,7 g KH
Pro Eßl. 0,5 g KH

Hat einen ganz besonderen Pfiff!

Vinaigrette Sahnedressing Ergibt 32 Eßl.

1/2 Tasse Estragon-Essig
3/4 Teel. Salz
1/4 Teel. geschroteter Pfeffer

$1\frac{1}{2}$ Tassen Olivenöl (oder $\frac{1}{2}$ Tasse Olivenöl und 1 Tasse Pflanzenöl)
1 Teel. gehackte grüne Oliven
1 Teel. gehackte Petersilie
3 Eßl. saure Sahne
1 Eigelb von hartgekochtem Ei

Verrühren Sie den Essig mit Pfeffer und Salz, und geben Sie dann das Öl, Oliven, Petersilie, saure Sahne und das gehackte Eigelb dazu. Alles zusammen gründlich mit der Gabel verschlagen und für mehrere Stunden im Eisschrank kalt stellen.
Zusammen 8,2 g KH
Pro Eßl. 0,3 g KH

Zu Avocadosalat mit Spinat servieren (s. Register).

Dressing nach Art des Hauses für 2 Tassen Salat ausreichend

2 Eßl. Olivenöl
4 Eßl. Pflanzenöl
2 Eßl. Estragon-Essig
1 Teel. Gewürzsalz (nach Wahl)
1 Teel. Dijon-Senf
$\frac{1}{4}$ Teel. Knoblauch
1 Eßl. Mayonnaise
Süßstoff entsprechend $\frac{1}{4}$ Teel. Zucker

Alle Zutaten in einen Mixbecher geben. Den Mixbecher verschließen und solange schütteln, bis alles gut vermischt ist. In den Eisschrank stellen.
Zusammen 3,5 g KH

Im Eisschrank lange haltbar.

Desserts

Baiser mit Schokolade und Pfefferminz 8 Portionen

1/2 Tasse gehackte Walnüsse
1 Baiserschale (s. Register)
60 g ungesüßte Kochschokolade
2 Eßl. heißes Wasser
2 Teel. Pfefferminz-Extrakt
1 Teel. Vanille-Extrakt
1 Eßl. Crème de Cacao
Süßstoff entsprechend 2 Teel. braunem Zucker (oder nach Geschmack)
2 Tassen Schlagsahne (geschlagen)
Süßstoff entsprechend 1 Teel. Zucker

Heizen Sie den Ofen auf 135° vor.
Die gehackten Walnüsse über die Baiserschale streuen und 1 Stunde bei 135° im Ofen backen, bis sie leicht gebräunt und knusprig sind. Abkühlen lassen (am besten im Ofen).
Dann lassen Sie die Schokolade im Wasserbad schmelzen, rühren 2 Eßl. heißes Wasser ein, und lassen sie solange köcheln, bis sie etwas dicklich wird. Vom Herd nehmen und Pfefferminz-Extrakt, Vanille-Extrakt, Crème de Cacao, Süßstoff entsprechend 2 Eßl. braunem Zucker dazugeben und vorsichtig die mit Süßstoff entsprechend 1 Teel. Zucker steifgeschlagene Schlagsahne unterrühren.
Die Baiserschale mit dieser Masse füllen und für 2 bis 3 Stunden in den Eisschrank stellen.
Unmittelbar vor dem Anrichten die restliche 1 Tasse geschlagene Sahne darübergeben.
Zusammen 45,0 g KH
Pro Portion 5,6 g KH

Köstlich! Der Aufwand lohnt sich!

Erdbeertorte 8 Portionen

6 Eiweiß
Süßstoff entsprechend 1 Eßl. Zucker
1 Tasse flüssige Schlagsahne
1 Teel. Vanille-Extrakt
2 Päckchen ungesüßte Erdbeer-Götterspeise
1½ Tassen Erdbeeren

Den Backofen auf 135° vorheizen.
Die Eiweiß schaumig schlagen, mit Süßstoff süßen und dann weiter schlagen, bis der Eischnee steif ist. Füllen Sie nun den Eischnee in eine leicht ausgefettete Springform (ca. 25 cm Durchmesser), und formen Sie ihn mit einem Löffel zu einem am Rand höher werdenden Tortenboden, den Sie dann bei 135° für 1 Stunde in den Ofen stellen. Anschließend die Backofentür öffnen und den Tortenboden weitere 1½ Stunden im Ofen stehen lassen.
Die Götterspeise nach Vorschrift zubereiten – nur süßen Sie selbstverständlich nicht mit Zucker, sondern nach Belieben mit Süßstoff. Dann lassen Sie die Speise unter gelegentlichem Umrühren abkühlen.
Schlagen Sie die flüssige Schlagsahne mit dem Vanille-Extrakt steif, und ziehen Sie diese vorsichtig unter die abgekühlte Götterspeise.
Die Erdbeeren (bis auf 8 Stück) halbieren und unter die Schlagsahne ziehen und dann in den Eisschrank stellen. Die Erdbeer-Sahne-Mischung muß eiskalt sein. Unmittelbar vor dem Servieren füllen Sie diese Masse auf den Baiser-Tortenboden. Mit den ganzen Erdbeeren garnieren.
Zusammen 38,7 g KH
Pro Portion 4,8 g KH

Das Geheimnis liegt in der sorgfältigen Zubereitung!

Geschichtete Mokkacremetorte 10 Portionen

5 Eier, getrennt in Eigelb und Eiweiß (Zimmertemperatur)
Süßstoff entsprechend 5 Teel. braunem Zucker (oder nach Geschmack)
2 Tassen flüssige Schlagsahne
3 Teel. Instant-Kaffee
1/2 Eßl. gemahlene, weiße Gelatine
1 Eßl. kaltes Wasser
3 Eßl. Butter (Zimmertemperatur)
1/2 Tasse gehackte Walnüsse

Den Backofen auf 135° vorheizen.
Schlagen Sie das Eiweiß schaumig, geben Sie Süßstoff entsprechend 1 Teel. Zucker hinzu, und schlagen Sie dann den Eischnee steif. Von diesem Eischnee backen Sie drei Baiser-Tortenböden (45 Minuten bei 135°).
Im Wasserbad erwärmen Sie 1 Tasse flüssige Sahne und geben den Instant-Kaffee hinzu. Mit dem Schneebesen schlagen, bis der Kaffee aufgelöst ist. Die Gelatine in 1 Eßl. kaltem Wasser einweichen, 10 Minuten quellen lassen und zur Sahne-Kaffeemischung geben. Alles zusammen erhitzen, aber nicht aufkochen lassen, und dabei ständig mit dem Schneebesen schlagen. Vom Feuer nehmen und nacheinander die 4 Eigelb hineinschlagen. Dann die Butter zufügen, solange mit dem Schneebesen schlagen, bis die Butter aufgelöst ist. Zum Abschluß mit dem restlichen Süßstoff süßen (abschmecken) und im Gefrierfach kalt werden lassen.
Schlagen Sie jetzt die restliche flüssige Schlagsahne steif und ziehen Sie sie unter die erkaltete Kaffeemischung. Diese Masse lassen Sie dann im Eisschrank stehen, bis die Tortenböden ausgekühlt sind.
Jetzt streichen Sie zwischen die Tortenböden jeweils eine Schicht dieser Mokkacreme. Den Abschluß bildet eine dritte Schicht Mokkacreme. Achten Sie darauf, daß Sie auch die Seiten gut mit Mokkacreme bedecken. Die Mokkacremetorte

obenauf und an den Seiten mit den Nüssen bestreuen und dann bis zum Servieren in den Eisschrank stellen.
Zusammen 35,0 g KH
Pro Portion 3,5 g KH

Sehr gehaltvoll und sehr besonders!

Kokosnuß Cremespeise 10 Portionen

1/2 Tasse Kokosflocken
1/8 Tasse Cointreau
1 Eßl. Butter
2 1/2 Tassen flüssige Schlagsahne
1 Blatt ungesüßte Gelatine
1/4 Tasse kaltes Wasser
Süßstoff entsprechend 2 Eßl. Zucker
4 Eiweiß (Zimmertemperatur)
2 Teel. Vanille-Extrakt

Die Kokosflocken in eine feuerfeste Form geben. Den Cointreau erwärmen, anzünden und über die Kokosflocken gießen (seien Sie gewarnt, die Flammen werden hoch sein!).
Butter in einem Topf zergehen lassen, dann die Kokosflocken hinzutun und leicht rösten.
Nehmen Sie 2 Eßl. geröstete Kokosflocken beseite. Dem Rest fügen Sie 1 Tasse flüssige Schlagsahne bei und lassen beides unter gelegentlichem Umrühren köcheln.
Weichen Sie die Gelatine in kaltem Wasser ein und geben Sie sie in den Topf zu der Kokosflockenmischung. Rühren Sie, bis die Mischung dick zu werden beginnt. Vom Herd nehmen, mit Süßstoff entsprechend 1 Teel. Zucker süßen und kalt werden lassen.
Schlagen Sie die Eiweiß mit Süßstoff entsprechend 1 Eßl. Zukker steif, und ziehen Sie den Eischnee vorsichtig unter die abgekühlte Kokosmischung. Diese Masse geben Sie jetzt in eine

hauchdünn ausgefettete Pastetenform und stellen Sie in den Eisschrank, bis die Masse fest ist.
Schlagen Sie dann 1½ Tassen flüssige Schlagsahne mit dem Vanille-Extrakt und Süßstoff entsprechend 2 Teel. Zucker steif, und geben Sie die Schlagsahne auf die feste Kokosmischung. Alles zusammen mindestens für 2 Stunden im Eisschrank stehen lassen und vor dem Servieren mit den anfangs zurückbehaltenen Kokosflocken bestreuen.
Zusammen 34,5 g KH
Pro Portion 3,5 g KH

Ein Dessert, dem man die Diät bestimmt nicht anmerkt!

Süße Crêpes 8 Portionen

1 Tasse Hüttenkäse
6 Eier
3 Eßl. Sojamehl
6 Eßl. Pflanzenöl
1 Tasse und 3 Eßl. flüssige Schlagsahne
Süßstoff entsprechend 2½ Teel. Zucker (oder nach Geschmack)
1 Teel. Vanille-Extrakt
½ Tasse Weinbrand

Hüttenkäse, Eier, Sojamehl, 3 Eßl. Pflanzenöl, 3 Eßl. flüssige Schlagsahne und Süßstoff entsprechend 1½ Teel. Zucker mit einem elektrischen Rührgerät zu einem glatten Teig verrühren.
Die restlichen 3 Eßl. Pflanzenöl geben Sie in eine Crêpe-Pfanne. Wenn die Pfanne heiß genug ist, backen Sie möglichst dünne Crêpes aus dem Teig aus. Sie sollten von beiden Seiten schön goldbraun sein. Wenn das Öl nicht ganz reicht, geben Sie lieber noch etwas hinzu. Stellen Sie die Crêpes warm.
Schlagen Sie 1 Tasse flüssige Sahne mit dem Vanille-Extrakt

und Süßstoff entsprechend 1 Teel. Zucker steif. In die Mitte eines jeden Crêpes geben Sie nun etwas von der Schlagsahne. Dann rollen Sie die Crêpes zusammen und legen Sie in eine feuerfeste Form. Den erwärmten Weinbrand darübergießen und anzünden. Brennend servieren.
Zusammen 34,5 g KH
Pro Portion 4,6 g KH

Diese Crêpes können Sie auch mit Kompott oder mit Zabaglione (s. Register) *anstelle der Schlagsahne servieren.*

Zabaglione 6 Portionen

1 Tasse flüssige Schlagsahne
3 Eier, getrennt in Eigelb und Eiweiß
Süßstoff entsprechend 1 1/2 Eßl. Zucker
1/4 Tasse Sherry
450 g gewaschene Erdbeeren

Erhitzen Sie die Sahne bis zum Aufkochen (keinesfalls kochen lassen). Verschlagen Sie Eigelb mit Süßstoff, entsprechend 1 Eßl. Zucker. Die Sahne zum Eigelb geben und beides mit dem Schneebesen glatt schlagen. Diese Mischung kochen Sie im Wasserbad unter ständigem Rühren mit einem Handquirl, bis sie dicklich zu werden beginnt. Vom Feuer nehmen, den Sherry einrühren und kalt stellen.
Schlagen Sie die Eiweiß mit dem restlichen Süßstoff steif, und ziehen Sie den Eischnee vorsichtig unter die abgekühlte Creme (der Eischnee darf nicht zusammenfallen). In den Eisschrank stellen und mit ganzen oder geviertelten Erdbeeren servieren.
Zusammen 32,2 g KH
Pro Portion 5,5 g KH

Eine neue Version einer altbekannten Köstlichkeit!

Chocolate Rum Charlotte 6 Portionen

1 Blatt Gelatine (ohne Geschmack)
3/4 Tasse kaltes Wasser
1 1/4 Tasse flüssige Sahne
1 Eßl. Butter oder Margarine
45 g ungesüßte Kochschokolade
1/4 Teel. Salz
1 Teel. Vanille-Extrakt
Süßstoff entsprechend 1 Teel. Zucker (oder nach Geschmack)
1 Teel. Rum-Aroma

Weichen Sie die Gelatine in 1/4 Tasse kaltem Wasser ein.
3/4 Tasse Sahne, 1/2 Tasse Wasser, Butter und die Kochschokolade im Wasserbad auf köchelndem Wasser erhitzen, dabei gründlich mit dem Schneebesen verschlagen, bis daß die Masse glatt wird. Vom Feuer nehmen und die aufgeweichte Gelatine, Salz, Vanille-Extrakt, Rum-Aroma und Süßstoff dazugeben und gut verrühren. Im Eisschrank erkalten lassen, bis die Mischung die Konsistenz von Eiweiß hat. Dann 1/2 Tasse steifgeschlagene Sahne unterziehen, diese Masse in eine Schüssel füllen und für mindestens zwei Stunden in den Eisschrank stellen, bis sie fest ist.
Als Geschmacksvariante können Sie das Rum-Aroma durch 1 Teel. Vanille-Extrakt ersetzen.
Zusammen 22,7 g KH
Pro Portion 3,8 g KH

Gestürzte Fruchtspeise 8 Portionen

2 Päckchen Erdbeer-Götterspeise
1/2 Tasse kleingeschnittene Erdbeeren (in Scheibchen)
1/2 Tasse flüssige Schlagsahne (geschlagen)

Bereiten Sie entsprechend der Anweisung – nur mit Süßstoff anstelle von Zucker natürlich – aus einem Päckchen eine Erdbeer-Götterspeise, und rühren Sie die Erdbeerscheibchen hinein. In eine Sturzform füllen, in den Eisschrank stellen und erstarren lassen. Das zweite Päckchen bereiten Sie ohne kaltes Wasser, d.h. Sie schütten den Inhalt des Päckchens direkt unter Rühren in 1/2 Liter kochend heißes Wasser. Solange rühren, bis alles gelöst ist. Abkühlen lassen und dann vorsichtig die geschlagene Sahne unterziehen. Diese Sahnemischung geben Sie jetzt auf die erstarrte Götterspeise in die Sturzform. Im Eisschrank noch einmal für gut 2 Stunden kaltstellen.
Wenn Sie die Fruchtspeise stürzen wollen, fahren Sie mit einem nassen Messer einmal am Rand entlang und tauchen den Boden der Sturzform in warmes Wasser, dann stürzen Sie die Speise einfach auf eine nasse Platte.
Zusammen 17,0 g KH
Pro Portion 2,1 g KH

Hat sehr viel mehr Geschmack als Kohlehydrate!

Frittierte Dessertbällchen 2 Portionen

2 Eier, getrennt in Eigelb und Eiweiß
Süßstoff entsprechend 1 Teel. braunem Zucker
3/4 Teel. Zimt
55 g zerlassene, ungesalzene Butter

Den Ofen auf 180° vorheizen.
Schlagen Sie die Eiweiß mit dem Süßstoff steif. Die Eigelb mit dem Zimt verrühren und unter den Eischnee ziehen.
Schmelzen Sie die Butter in einer Auflaufform und geben Sie die Eimasse löffelweise dort hinein. Bei 180° für 20 Minuten backen und dann abkühlen lassen.

2 Eßl. ungesalzene Butter
Süßstoff entsprechend 1/4 Teel. braunem Zucker
1/4 Teel. Zimt
1 Eßl. Weinbrand

Die Butter in einer Pfanne zergehen lassen, Süßstoff und Zimt hineingeben und die gebackenen Bällchen darin rundherum goldbraun braten. Vom Feuer nehmen.
Den Weinbrand in einem kleinen Tiegel erhitzen, anzünden und über die Dessertbällchen gießen. Sofort servieren.
Zusammen 7,5 g KH
Pro Portion 3,8 g KH

Ein feuriges Vergnügen!

Kokosnuß-Schneeflocken 8 Portionen

1 Rezept Vanille-Eiscreme (s. Register)
2 Eßl. Cointreau
1/2 Tasse ungesüßte Kokosflocken
1 Eßl. Butter

Das Vanille-Eis in einer Gefrierschale mit Fächern zu kleinen Würfeln gefrieren lassen.
Den Cointreau über die Kokosflocken träufeln. Die Butter in einer Pfanne erhitzen und darin die Kokosflocken schwenken, bis sie leicht angebräunt sind.
Lösen Sie die Eiswürfel aus der Gefrierschale und rollen Sie sie in den gerösteten Kokosflocken.
Mit Erdbeersauce (s. Register) begießen und servieren.
Zusammen 44,0 g KH
Pro Portion 5,5 g KH

Wirklich cool!

Nußeis

9 Portionen;
pro Portion 1/2 Tasse

5 Eigelb
3 Teel. Vanille-Extrakt
2 1/2 Eßl. Rum
Süßstoff entsprechend 2 Eßl. Zucker
1/4 Tasse Wasser
1/2 Tasse grob gehackte Haselnüsse
2 Tassen flüssige Schlagsahne (geschlagen)

Geben Sie die Eigelb mit Vanille-Extrakt, Rum, Süßstoff und Wasser in einen Mixer, und lassen Sie ihn 30 Sekunden auf mittlerer Stufe laufen. Diese Mischung ziehen Sie dann zusammen mit den gehackten Nüssen unter die Schlagsahne. In eine Gefrierschale geben und für mindestens 4 Stunden ins Gefrierfach stellen.
Zusammen 59,4 g KH
Pro Portion 6,6 g KH

Köstlich und knusprig!

Blaubeereis

9 Portionen;
pro Portion 1/2 Tasse

5 Eigelb
3 Teel. Vanille-Extrakt
Süßstoff entsprechend 2 Eßl. Zucker
1/4 Tasse Wasser
1/2 Tasse tiefgefrorene Blaubeeren (gut abgetropft)
2 Tassen flüssige Schlagsahne (geschlagen)

Geben Sie die Eigelb mit Vanille-Extrakt, Süßstoff und Wasser in einen Mixer, und lassen Sie ihn 30 Sekunden auf mittlerer Stufe laufen. Dann fügen Sie die Blaubeeren dazu und lassen

den Mixer noch einmal für 10 Sekunden laufen. Diese Mischung ziehen Sie nun vorsichtig unter die Schlagsahne (so daß ein marmorierter Effekt entsteht). In einen Gefrierbehälter geben und ins Gefrierfach stellen.
Zusammen 36,6 g KH
Pro Portion 4,0 g KH

Phantastisch – zergeht so leicht auf der Zunge, daß aller Kummer verfliegt!

Erdbeereis 10 Portionen

1 Eßl. Fruchtlikör
Süßstoff entsprechend 4 Eßl. Zucker
2 Tassen pürierte Erdbeeren
1½ Tassen flüssige Schlagsahne
5 cm Vanille-Schote (aufgeschnitten und ausgekratzt)
3 Eiweiß

Die pürierten Erdbeeren mit dem Likör und Süßstoff entsprechend 2 Eßl. Zucker vermischen. Schlagen Sie die Sahne mit Vanille und Süßstoff entsprechend 1 Eßl. Zucker steif und ziehen Sie die Erdbeermischung darunter.
Schlagen Sie nun die Eiweiß mit Süßstoff entsprechend 1 Eßl. Zucker steif, und ziehen Sie den Eischnee unter die Erdbeersahne.
In eine hauchdünn ausgefettete Form geben und mit Klarsichtfolie zugedeckt 2 Stunden ins Gefrierfach stellen.
Wenn dieses Eis mehr als 6 Stunden im Gefrierfach steht, ehe Sie es anrichten, sollten Sie es vorher 15 Minuten bei Zimmertemperatur stehen lassen.
Zusammen 55,9 g KH
Pro Portion 5,6 g KH

Versuchen Sie dazu die Erdbeer-Sauce (s. Register).

Vanilleeis 8 Portionen; pro Portion 1/2 Tasse

5 Eigelb
3 Teel. Vanille-Extrakt
Süßstoff entsprechend 2 Eßl. Zucker
1/4 Tasse Wasser
2 Tassen flüssige Schlagsahne (geschlagen)

Geben Sie die Eigelb mit Vanille-Extrakt, Süßstoff und Wasser in einen Mixer, den Sie 30 Sekunden auf mittlerer Stufe laufen lassen.
Diese Mischung ziehen Sie vorsichtig unter die Schlagsahne, so daß die Schlagsahne nicht zusammenfällt. In eine Gefrierschale geben und für 2 Stunden ins Gefrierfach stellen.
Zusammen 25,4 g KH
Pro Portion 3,2 g KH

Eine Dr. Atkins-Spezialität!

Blaubeer-Himbeer-Marmelade Ergibt 12 Eßl.

1 Eßl. ungesüßte Himbeer-Götterspeise
1 Tasse Wasser
1 Tasse Blaubeeren
1 Teel. Zitronensaft
Süßstoff entsprechend 2 Teel. braunem Zucker (oder nach Geschmack)

Geben Sie das Götterspeisenpulver in das kalte Wasser und erhitzen Sie es unter ständigem Rühren. Das Pulver muß sich völlig auflösen. Lassen Sie die Flüssigkeit im Eisschrank erkalten, bis sie die Konsistenz von Eiweiß hat (das geht schneller im Gefrierfach, allerdings müssen Sie dann gut aufpassen, damit die Gelatine nicht zu fest wird).

Erhitzen Sie die Blaubeeren in einer Pfanne – ungefähr 5 Minuten, oder bis sie weich sind. Vom Feuer nehmen und die Beeren mit einer Gabel zerdrücken (ein paar sollten doch ganz bleiben) und dann 2 Minuten abkühlen lassen.
Jetzt rühren Sie den Zitronensaft und den Süßstoff unter die Blaubeeren und ziehen diese dann unter die leicht angedickte Götterspeise. Gut vermischen und im Eisschrank erstarren lassen.

Zusammen 36,8 g KH
Pro Eßl. 3,1 g KH

Schmeckt auch gut mit dem Marmeladen-Omelett (s. Register)

Erdbeer-Rhabarber-Marmelade Ergibt 30 Eßl.

5 große Stangen Rhabarber
1/2 Tasse Wasser
1 Päckchen ungesüßte Erdbeer-Götterspeise
1 Tasse frische Erdbeeren, halbiert

Die Rhabarberstangen putzen, waschen und dann gut abtrocknen. Bei jungem Rhabarber ist die Haut zart und braucht nicht abgezogen zu werden; bei älterem Rhabarber ist sie hart und muß abgezogen werden.
Schneiden Sie den Rhabarber in 1 cm große Stücke, die Sie mit dem Wasser in einen großen Topf geben. Aufkochen, die Flamme kleiner stellen und zugedeckt 15 Minuten köcheln lassen. Dann rühren Sie die Erdbeeren und das Götterspeisenpulver ein.
In Marmeladengläser füllen und in den Eisschrank stellen.
Zusammen 30,9 g KH
Pro Eßl. 1,0 g KH

Blaubeeren mit saurer Sahne oder mit Schlagsahne 2 Portionen

1/2 Tasse gewaschene Blaubeeren (gut abgetropft)
Süßstoff entsprechend 4 Teel. braunem Zucker (oder nach Geschmack)
1/2 Tasse flüssige Schlagsahne

Süßen Sie die Blaubeeren mit Süßstoff entsprechend 1 Eßl. Zucker. Schlagen Sie die Sahne mit Süßstoff entsprechend 1 Teel. Zucker steif. Die Blaubeeren unter die Schlagsahne ziehen und anrichten.
Zusammen 16,4 g KH
Pro Portion 8,2 g KH

oder

1/2 Tasse gewaschene Blaubeeren (gut abgetropft)
Süßstoff entsprechend 2 Teel. Zucker (oder nach Geschmack)
1/2 Tasse saure Sahne
Zubereitung entsprechend der obigen Beschreibung.
Zusammen 17,7 g KH
Pro Portion 9,0 g KH

Machen Sie es so, wie Sie es am liebsten haben.

Zitronen Mousse 8 Portionen

1/2 Tasse Butter
9 Eigelb
Saft von 3 1/2 Zitronen
Süßstoff entsprechend 3 Eßl. Zucker
2 Teel. geriebene Zitronenschale (ungespritzt)
4 Eiweiß
1 1/2 Tassen flüssige Schlagsahne
1 Teel. Vanille-Extrakt

Lassen Sie die Butter in einer Pfanne zergehen, und rühren Sie mit Hilfe eines Schneebesens nacheinander die Eigelb hinein. Geben Sie anschließend den Zitronensaft, Zitronenschale und Süßstoff entsprechend 2 Eßl. Zucker zu. Das Ganze noch einmal gut durchschlagen und dann kaltstellen.
Schlagen Sie die Eiweiß mit Süßstoff entsprechend 2 Teel. Zukker steif, und ziehen Sie den Eischnee unter die Zitronenmischung. Wieder kühl stellen.
Jetzt schlagen Sie die Sahne mit dem Vanille-Extrakt und Süßstoff entsprechend 1 Teel. Zucker steif, und ziehen Sie sie unter die erkaltete Masse. Für mindestens zwei Stunden in den Eisschrank stellen und dann servieren.
Zusammen 46,2 g KH
Pro Portion 5,8 g KH

Eine delikate Angelegenheit!

Erdbeeren Parfait 1 Portion

2 große Löffel Eis – Erdbeer oder Vanille (s. Register)
2 Eßl. Erdbeer-Sauce (s. Register)

Geben Sie in ein Glas immer abwechselnd eine Schicht Eis und eine Schicht Erdbeer-Sauce. Zum Schluß mit frischen Erdbeeren verzieren.
Zusammen 5,4 g KH

Wirklich köstlich!

Schokoladencreme Debbie 10 Portionen

60 g ungesüßte Kochschokolade (geschmolzen)
2 1/2 Tassen flüssige Schlagsahne
1 Päckchen gemahlene, weiße Gelatine
1/4 Tasse kaltes Wasser
1 Eßl. Crème de Cacao
Süßstoff entsprechend 3 Eßl. Zucker (oder nach Geschmack)
3 Eiweiß
5 cm Vanille-Schote, aufgeschnitten und ausgekratzt

Verrühren Sie die geschmolzene Schokolade mit 1 Tasse flüssiger Schlagsahne. Geben Sie die im kalten Wasser eingeweichte Gelatine zur Schokolade. Diese Mischung erhitzen Sie bis kurz vor dem Siedepunkt und lassen sie dann 2 Minuten unter ständigem Umrühren ziehen (aber keinesfalls kochen!).
Dann geben Sie Süßstoff entsprechend 2 Eßl. Zucker und Crème de Cacao hinzu, verrühren es miteinander und lassen diese Mischung abkühlen.
Schlagen Sie die Eiweiß steif und ziehen Sie sie unter die abgekühlte Schokoladenmischung. Alles zusammen in eine Pastetenform (25 cm Durchmesser) füllen und für ungefähr 1/2 Stunde in den Eisschrank stellen.
Schlagen Sie nun die restlichen 1 1/2 Tassen Schlagsahne mit Vanille und Süßstoff entsprechend 1 Eßl. Zucker steif und streichen Sie sie auf die Schokoladenmasse.
Im Eisschrank erstarren lassen (ungefähr 2 Stunden).
Zusammen 39,6 g KH
Pro Portion 4,0 g KH

Besonders gut, wenn Sie am späten Abend noch Appetit auf etwas Süßes haben!

Kürbiscreme-Pudding 8 Portionen

1 Päckchen gemahlene weiße Gelatine
1/2 Teel. Salz
1/2 Teel. Muskatnuß
1/2 Teel. Zimt
1/4 Teel. Ingwer
1/2 Tasse kaltes Wasser
2 Eigelb, verquirlt
1 Tasse flüssige Schlagsahne
1 1/4 Tasse eingemachter Kürbis
Süßstoff entsprechend 2 Eßl. Zucker (oder nach Geschmack)
2 Eiweiß

Gelatinepulver in 1/4 Tasse Wasser 10 Minuten einweichen. Die Eigelb mit Sahne verschlagen und mit 1/4 Tasse Wasser, Salz und Gewürzen und dem Kürbis ins Wasserbad geben. Alles zusammen über kochendem Wasser 10 Minuten unter ständigem Rühren garen, vom Ofen nehmen und die Gelatinemischung einrühren.
Unter gelegentlichem Rühren im Eisschrank andicken lassen, bis die Masse die Konsistenz von ungeschlagenem Eiweiß hat. Dann mit Süßstoff abschmecken.
Schlagen Sie die Eiweiß steif und ziehen Sie den Eischnee vorsichtig unter die Kürbismasse. Der Eischnee darf dabei nicht zusammenfallen. In eine Puddingform füllen und in den Eisschrank stellen.
Zusammen 30,2 g KH
Pro Portion 3,8 g KH

Leicht und aromatisch!

Käsepudding 6 Portionen

2 Eier, verquirlt
2/3 Tasse Sahne
1/2 Tasse geriebener Parmesan
1/2 Tasse geriebener Schweizer Käse
1 Prise Salz
1 Prise Cayennepfeffer

Den Ofen auf 230° vorheizen.
Alle Zutaten gut miteinander vermengen. In kleine, feuerfeste Förmchen füllen und 15 Minuten bei 230° im Ofen backen.
Zusammen 10,9 g KH
Pro Portion 1,8 g KH

Sollten Sie für einen kleinen Imbiß immer parat haben!

Erdnußbutter-Plätzchen Ergibt 40 Stück

1/2 Tasse Erdnußbutter (mit Erdnußsplittern)
3/4 Tasse Sahne
1/4 Tasse gehackte Walnüsse
2 Teel. Vanille-Extrakt
Süßstoff entsprechend 2 Teel. Zucker
2 Eßl. Sojamehl
1 Teel. Backpulver

Den Backofen auf 190° vorheizen.
Alle Zutaten in eine Schüssel geben und gut miteinander vermischen. Den Teig teelöffelweise auf ein mit Pergamentpapier ausgelegtes Backblech geben. 10 Minuten bei 190° im Ofen backen.
Zusammen 52,7 g KH
Pro Stück 1,3 g KH

Davon immer eine Dose voll auf Vorrat halten!

Kokosberger 21 Stück

1 Tasse ungesüßte Kokosflocken
1 Eßl. Crème de Cacao
3 Eiweiß (Zimmertemperatur)
Süßstoff entsprechend 1 Eßl. braunem Zucker

Den Ofen auf 200° vorheizen.
Geben Sie die Kokosflocken in eine Schüssel. Crème de Cacao darübergeben und gut verrühren.
Schlagen Sie nun die Eiweiß mit dem Süßstoff steif und ziehen Sie den Eischnee unter die Kokosflocken, so daß er die Kokosflocken aufsaugt.
Geben Sie von dieser Masse teelöffelgroße Häufchen auf ein mit Pergamentpapier ausgelegtes Backblech.
Bei 200° 7 bis 10 Minuten im Ofen backen, abkühlen lassen und dann in einer Dose luftdicht verschließen.
Zusammen 25,9 g KH
Pro Stück 1,0 g KH
(Ungesüßte Kokosflocken sind erhältlich in Reformhäusern; oder Sie kaufen eine frische Kokosnuß, brechen sie auf und hobeln das Fruchtfleisch.)

Kokosberger Bernier Ergibt 10 Stück

1 Rezept Kokosberger (s. Register)
1/2 Tasse Blaubeer-Himbeer-Marmelade
1 Eßl. Kirschlikör
2 Eigelb, verquirlt
heißes Öl

Drücken Sie den Boden der Kokosberger ein, und füllen Sie in die Vertiefung Marmelade. Dann legen Sie jeweils zwei Stück mit der Marmeladenseite gegeneinander zusammen und beträufeln sie mit ein paar Tropfen Likör.

Wälzen Sie die Paare in Eigelb und backen Sie sie in reichlich Öl (190°) goldbraun. Auf saugfähigem Küchenkrepp abtropfen lassen und heiß servieren.
Zusammen 43,6 g KH
Pro Stück 4,0 g KH

Nichts Alltägliches!

Erdnußbutter-Träume Ergibt 36 Stück

1 gut verquirltes Ei
1/3 Tasse Erdnußbutter (mit Erdnußsplittern)
1 Eßl. weiche, ungesalzene Butter
1 Teel. Vanille-Extrakt
Süßstoff entsprechend 1 Eßl. braunem Zucker
3/4 Tasse feingehackte Walnüsse

Alle Zutaten außer den Nüssen gut miteinander verrühren. Aus der Masse kleine Bällchen formen und in den gehackten Nüssen wälzen. Im Eisschrank fest werden lassen.
Zusammen 46,2 g KH
Pro Stück 1,3 g KH

Etwas besonders Gutes für große Kinder!

Schokoladen-Fudge Ergibt 15 Stück

1 Päckchen Diät-Schokoladenpudding (ohne Zucker)
Süßstoff entsprechend 2 Eßl. Zucker
1/2 Tasse flüssige Schlagsahne
1 Eßl. Crème de Cacao
3 gehäufte Eßl. Erdnußbutter (mit Erdnußsplittern)

Alle Zutaten, ausgenommen die Erdnußbutter, gut miteinander vermischen und in einen Topf füllen. Auf kleiner Flamme erhitzen, die Erdnußbutter dazugeben und rühren, bis die Erdnußbutter geschmolzen ist.
Geben Sie diese Masse in eine ausgefettete, viereckige Schale. In den Eisschrank stellen, fest werden lassen und dann in mindestens 15 Vierecke schneiden.
Zusammen 28,3 g KH
Pro Stück 1,9 g KH

Schokoladen-Mandeln Ergibt 6 Plätzchen

60 g ungesüßte Schokolade
2 Eßl. Crème de Cacao
2 Eßl. Wasser
Süßstoff entsprechend 1 Eßl. braunem Zucker
2 Eßl. gesalzene Mandeln (mit Haut)

Bringen Sie die Schokolade im Wasserbad zum Schmelzen. Geben Sie dann unter ständigem Rühren Crème de Cacao und Wasser dazu. Mit dem Süßstoff abschmecken und weiterhin gut rühren. Zum Schluß geben Sie, immer noch unter ständigem Rühren, die Mandeln dazu.
Teelöffelweise auf ein mit Pergamentpapier ausgelegtes Küchenbrett geben und in den Eisschrank stellen.
Zusammen 29,1 g KH
Pro Portion 5,0 g KH

Für Leckermäuler!

Frittierte Melone mit Camembert 6 Portionen

1 kleine Cantaloupe-Melone, geschält, entkernt und in mundgerechte Stücke geschnitten
1 Camembert, in 12 Stücke geschnitten
3 verquirlte Eier
1 Beutel Schweineschwarten-Chips, zerbröselt
Öl (zum Frittieren)

Die Melonen- und Käsestücke zunächst im verquirlten Ei und dann in den Chipsbröseln wälzen. In sehr heißem Öl für 30 Sekunden frittieren.
Zusammen 38,2 g KH
Pro Portion 6,4 g KH

Überraschend im Geschmack!

Quarkauflauf 6 Portionen

2/3 Tasse Wasser
1 1/3 Tasse Sahne
1 Tasse Quark (oder Hüttenkäse)
3 Eier
1/4 Teel. Salz
1 Teel. abgeriebene Zitronenschale (ungespritzt)
1 Eßl. Crème de Cacao
Zimt (nach Geschmack)
Süßstoff (nach Geschmack)

Den Backofen auf 150° vorheizen.
Wasser und Sahne in einem Topf verrühren und erhitzen, aber keinesfalls kochen lassen.
Quark, Eier, Salz, Zitronenschale und Crème de Cacao in einem Mixer bei schnellster Geschwindigkeitsstufe 1 Minute verrüh-

ren. Die Hälfte der Sahnemasse dazugeben und wieder verrühren. Die restliche Sahnemasse in den Mixer geben und noch einmal auf schnellster Stufe alles gründlich durchmixen.
6 ausgebutterte, feuerfeste Förmchen mit der Quarkmasse füllen und in einen halb mit warmem Wasser gefüllten Bräter stellen. Die Auflaufförmchen mit Zimt und Süßstoff bestreuen und dann den Bräter in den Ofen schieben. Bei 150° für 40 Minuten backen, bis sich der Quarkauflauf etwas gesetzt hat und leicht gebräunt ist.
Zusammen 28,8 g KH
Pro Portion 4,8 g KH

Falsche Schok-Mok-Creme 6 Portionen

3 Tassen Ricottakäse
1 Eßl. Instant-Kaffee
1 Eßl. Kognac oder Weinbrand
Süßstoff entsprechend 2 Eßl. Zucker
4 Eßl. flüssige Schlagsahne
Vanille-Extrakt

Alle Zutaten gut miteinander verrühren und mindestens 1 Stunde im Eisschrank stehen lassen. In Gläsern servieren.
Zusammen 43,2 g KH
Pro Portion 7,2 g KH

Am Geschmack ist nichts falsch!

Getränke

Schneller Eiskaffee Ergibt 1 Glas

3 Eiswürfel
4 Eßl. Sahne
Süßstoff entsprechend 1/8 Teel. Zucker
1/2 Tasse Wasser
1/2 Teel. Instant-Kaffee

Alle Zutaten in einem Mixer bei höchster Geschwindigkeitsstufe 30 bis 40 Sekunden vermischen.
Zusammen 1,8 g KH

Erfrischend an heißen Sommertagen!

Cappuccino Ergibt 1 Glas

1 Rezept heiße Schokolade (siehe unten)
1/2 Teel. Instant-Kaffee
1/2 Teel. Kognac
1 Stangenzimt

Bereiten Sie eine heiße Schokolade. Geben Sie den Pulverkaffee und den Kognac dazu.
In einem Becher mit der Zimtstange servieren.
Zusammen 5,1 g KH

Wenn Sie Besuch haben, genau das Richtige!

Heiße Schokolade 1 Portion

1/3 Tasse Sahne
2/3 Tasse Wasser
1 Teel. Kakopulver (ungesüßt)
Süßstoff entsprechend 1 Teel. Zucker
1/2 Teel. Vanille-Extrakt

Alle Zutaten unter ständigem Umrühren in einem Topf erhitzen, jedoch nicht kochen lassen.
In einem Becher servieren.
Zusammen 5,1 g KH

Für kalte Winterabende!

Würzcocktail 2 Portionen

2 Tassen Rinderbrühe
4 Teel. Tomatensauce
1/2 Teel. Zwiebelsaft oder geriebene Zwiebel
1/2 Teel. Worcestershire-Sauce
1 oder 2 Spritzer Tabascosauce

Alle Zutaten gut miteinander vermischen. Heiß oder auch kalt servieren.
Zusammen 3,0 g KH
Pro Portion 1,5 g KH

Ice Cream Soda 1 Portion

2/3 Glas Diät-Limonade (nach Geschmack)
2 große Eßl. Vanille-Eis (s. Register)
Zusammen 4,7 g KH

Himbeer-Shake 2 Portionen

2 große Eßl. Vanille-Eis (s. Register)
3 Eßl. flüssige Schlagsahne
2 Eßl. Himbeer-Diät-Sirup (ungesüßt)
1 Dose (225 g) Diät-Ginger-Ale (ohne Zucker)

Alle Zutaten in einen Mixer geben und bei mittlerer Geschwindigkeit 1 Minute mischen.
Zusammen 7,9 KH
Pro Portion 4,0 KH

Den Pfiff geben die Himbeeren.

Orangen-Cooler 4 Portionen

1 Päckchen Zitronen-Götterspeise (ungesüßt)
2 steingeschlagene Eiweiß
2 Teel. abgeriebene Zitronenschale (ungespritzt)
1 Teel. Orangen-Aroma
Süßstoff entsprechend 2 Eßl. Zucker
4 Erdbeeren
4 Eiswürfel
4 Zitronenspalten

Bereiten Sie die Götterspeise entsprechend der Anleitung auf dem Päckchen und lassen Sie sie kalt werden.
Schlagen Sie die Eiweiß steif, und ziehen Sie dann die Zitronenschale, das Orangen-Aroma und den Süßstoff unter den Eischnee.
Geben Sie jetzt die Götterspeise, den Eischnee, die Erdbeeren und die Eiswürfel in einen Mixer. Bei mittlerer Geschwindigkeitsstufe 30 Sekunden laufen lassen. In Gläser füllen und mit den Zitronenspalten verzieren.
Zusammen 10,2 g KH
Pro Portion 2,5 g KH

Besonders köstlich zum Frühstück!

Zitronen-Shake 1 Portion

1 Päckchen Zitronen-Götterspeise (ohne Zucker)
1 Tasse Diät-Soda (ohne Zucker)
4 Eiswürfel
1/3 Tasse flüssige Schlagsahne
Süßstoff entsprechend 1 Teel. Zucker

Geben Sie das Götterspeisenpulver mit 1/4 Tasse Soda in einen Topf. Unter ständigem Rühren erhitzen, aber nicht aufkochen lassen. Darauf achten, daß sich das Pulver restlos auflöst. Kalt werden lassen.
Dann geben Sie die erkaltete Gelatinemischung zusammen mit den Eiswürfeln, der Sahne, 3/4 Tasse Soda und dem Süßstoff in einen Mixer. Bei höchster Geschwindigkeitsstufe 30 Sekunden laufen lassen.
In einem großen Glas servieren. Wenn sich dieses Getränk etwas setzt, dickt es an, darum kräftig umrühren.
Zusammen 3,0 g KH

Fettarme Rezepte

Pikante Pilz-Appetizer 6 Portionen

450 g große Champignons
$^1/_2$ Zwiebel, gerieben
2 Eßl. Schnittlauchröllchen
$^1/_4$ Teel. geriebener Estragon
$^1/_2$ Tasse Safloröl
$^1/_4$ Tasse Estragon-Essig
$^1/_4$ Tasse Sauterne
$^1/_2$ große Knoblauchzehe
1 Teel. Zitronensaft

Die Champignons waschen und putzen, gut abtrocknen und dann in dünne Scheibchen schneiden. Die übrigen Zutaten miteinander vermischen und über die Pilze gießen und mindestens 1 Stunde in der Marinade im Eisschrank ziehen lassen. Mehrere Tage haltbar.
Zusammen 33,6 g KH
Pro Portion 5,6 g KH

Herrlich zu Salaten oder kaltem Fleisch

Auberginen-Omelett 4 Portionen

1 Tasse Auberginenwürfel
4 Eßl. Pflanzen-Diät-Margarine
$^1/_4$ Teel. Knoblauchpulver
$^1/_2$ Tasse Tomatensauce
1$^1/_2$ Tassen Eipulver
$^1/_2$ Teel. Gewürzsalz

Die Aubergine schälen, in kleine Würfel schneiden und $^1/_2$ Stunde in einer Schüssel mit kaltem Wasser ziehen lassen. Anschließend gut trocknen.

Lassen Sie 3 Eßl. Margarine in der Pfanne zergehen. Geben Sie dann die Auberginenwürfel und das Knoblauchpulver in die Pfanne. Die Auberginen leicht anbräunen, die Tomatensauce zugießen und vom Herd nehmen. Jetzt geben Sie 1 Eßl. Margarine in eine große Pfanne, auf sehr kleiner Flamme langsam zergehen lassen und dann das Eipulver dazugeben. Bei geringer Wärme ziehen lassen, bis es sich gesetzt hat. Dann geben Sie mit einem Löffel die Auberginenmischung darüber und klappen oder rollen das Omelett zusammen.
Zusammen 18,7 g KH
Pro Portion 4,7 g KH

Paprika-Eier 1 Portion

1 grüne Paprikaschote
1 Eßl. Öl
1/8 Teel. Zwiebelpulver
1/2 Tasse Eipulver, angerührt

Die Paprikaschote der Länge nach halbieren, entkernen und in 6 Stücke schneiden.
Erhitzen Sie das Öl in einer Pfanne, und schwenken Sie darin die Paprika, bis sie weich ist. Geben Sie dann das Eipulver und das Zwiebelpulver hinzu. Eine Minute stocken lassen. Umrühren. Erneut stocken lassen und umrühren, wie Sie es mit Rühreiern machen würden. Solange wiederholen, bis die Konsistenz Ihrem Geschmack entspricht.
Zusammen 7,2 g KH

Ein wohlschmeckender Schnellimbiß zum Frühstück oder späten Abend.

Spanisches Omelett 1 Portion

$1/2$ Tasse Eipulver
1 Eßl. Pflanzen-Diät-Margarine
1 Eßl. feingehackte Zwiebeln
$1/2$ Teel. Gewürzsalz (nach Belieben)
1 Eßl. feingehackte grüne Paprikaschote
2 Eßl. kleingeschnittene Tomaten
1 Prise Chilipulver (wenn Sie es gern scharf mögen)

Lassen Sie die Margarine in einer Pfanne zergehen. Schwenken Sie darin für 2 Minuten Zwiebeln, Salz, Paprika, Tomate und Chilipulver und geben Sie dann das Eipulver dazu. Stocken lassen, mit einer Gabel umrühren und diesen Vorgang wiederholen, bis das Omelett Ihrem Geschmack entsprechend durch ist.
Zusammen 6,0 g KH

Hüttenkäse-Omelett 1 Portion

$1/4$ Tasse Eipulver
$1/4$ Tasse Hüttenkäse
$1/4$ Teel. Gewürzsalz
$1/2$ Teel. Kümmel
1 Teel. Pflanzen-Diät-Margarine
2 steifgeschlagene Eiweiß

Verrühren Sie den Hüttenkäse mit dem Eipulver, Salz und dem Kümmel.
Lassen Sie die Margarine in der Pfanne zergehen. Ziehen Sie den abgeschmeckten Hüttenkäse unter den Eischnee, und dann geben Sie diesen Teig in die Pfanne. Etwas stocken lassen und mit einer Gabel umrühren und diesen Vorgang wiederholen, bis das Omelett nach Ihrem Geschmack ist.
Zusammen 2,6 g KH

Super Steak 6 Portionen

3 zerdrückte Knoblauchzehen
2 Eßl. Safloröl
2 Eßl. Weinessig
1/4 Tasse trockener Rotwein
1/2 Teel. Gewürzsalz
1350 g gut abgehangenes Steak

Vermengen Sie Knoblauch, Öl, Essig, Wein und Salz zu einer Marinade. Lassen Sie darin für mindestens 2 Stunden das Fleisch unter mehrfachem Umdrehen ziehen. Dann grillen oder braten Sie die Steaks wie gewünscht.
Zusammen minimal

Kalbfleisch in Thunfisch-Sauce
(Vitello Tonnato) 6 Portionen

1350 g Kalbskeule ohne Knochen, in einem Stück
1 370-g-Dose Thunfisch
2 Eßl. feingehackte Zwiebeln
10 gehackte Anchovis-Filets
1 Tasse trockener Weißwein
1 Tasse Hühnerbrühe
4 Eßl. Safloröl
2 Teel. Estragon-Essig
Salz und Pfeffer nach Geschmack

Binden Sie das Fleisch mit einem Faden zusammen, damit es nicht auseinanderfällt. Dann geben Sie Fleisch, Thunfisch, Zwiebeln, Anchovis, Wein und Hühnerbrühe in einen großen Topf. Zugedeckt bei mäßiger Hitze etwa 2 1/2 Stunden köcheln lassen.

Nehmen Sie das Fleisch heraus und geben Sie es in eine Schüssel. Die Sauce aus dem Topf gießen Sie in einen Mixer; geben Öl, Essig, Salz und Pfeffer dazu, und verrühren das Ganze auf niedriger Geschwindigkeitsstufe 30 Sekunden lang. Die Marinade über das Fleisch gießen, zudecken und für 2 Tage in den Eisschrank stellen.
Das Fleisch in dünne Scheiben schneiden und mit etwas Marinade servieren. Nehmen Sie das Fleisch rechtzeitig aus dem Eisschrank; wenn Sie es anrichten, sollte es Zimmertemperatur haben.

Zusammen 7,9 g KH
Pro Portion 1,3 g KH

Ein delikates italienisches Gericht!

Lamm-Frikadellen in Tomatensauce 4 Portionen

900 g gemahlenes, gut abgehangenes Lammfleisch
1/2 Tasse Eipulver
2 Knoblauchzehen
1/4 Teel. Zimt
1 Teel. Kreuzkümmel
1 1/2 Teel. Salz
1/2 Teel. Pfeffer
2 Eßl. Mais- oder Safloröl
1 225-g-Dose Tomatensauce
0,38 l Wasser

Vermischen Sie die ersten 7 Zutaten und formen Sie aus dem Fleischteig Frikadellen, aber nur 1/2 Teel. Kreuzkümmel nehmen. Braten Sie die Frikadellen in einer großen Pfanne von beiden Seiten in heißem Öl, und nehmen Sie diese dann heraus.

Jetzt geben Sie die Tomatensauce, Wasser und 1/2 Teel. Kreuzkümmel in die Pfanne und lassen die Sauce 10 Minuten köcheln. Die Frikadellen wieder in die Pfanne zurücklegen und zugedeckt weitere 10 Minuten köcheln lassen.
Zusammen 14,8 g KH
Pro Portion 3,7 g KH

Römische Eierspeise 4 Portionen

1 Eßl. Mais- oder Safloröl
1/2 Tasse Rinderhack
1 Tasse gehackter frischer Spinat
1 zerdrückte Knoblauchzehe
1 1/2 Tassen Eipulver
3 Eßl. Weißwein
2 Eßl. geriebener Parmesankäse
1 Teel. Basilikum
Salz und Pfeffer nach Geschmack

Das Öl in einer Pfanne erhitzen und darin das Fleisch anbraten, dabei in kleinere Stücke zerbröckeln. Sobald es braun zu werden beginnt, den Spinat und Knoblauch hinzugeben und zugedeckt 4 bis 5 Minuten auf kleiner Flamme stehen lassen.
Verrühren Sie das Eipulver mit dem Wein, Käse, Basilikum, Salz und Pfeffer und geben Sie diese Mischung über das Fleisch in die Pfanne. Gut verrühren und auf kleinster Flamme stehen lassen, bis das Ei angedickt ist.
Sollte das Hackfleisch nach dem Anbraten zu ölig sein, dann gießen Sie das überschüssige Fett ab.
Zusammen 14,3 g KH
Pro Portion 3,6 g KH

Lachs à la Napolitana 4 Portionen

6 Lachsfilets
4 Eßl. Olivenöl
1 kleine Zwiebel
1 225-g-Dose Tomatensauce
0,2 l Wasser
1/4 Teel. Basilikum
1/2 Teel. Oregano
Süßstoff entsprechend 1/4 Teel. Zucker

Den Backofen auf 180° vorheizen.
Die Lachsfilets mit 2 Eßl. Olivenöl kurz anbraten und dann in eine feuerfeste Form legen.
Bräunen Sie die feingehackte Zwiebel mit 2 Eßl. Olivenöl etwas an und geben Sie dann die Tomatensauce und Wasser dazu, und lassen Sie das Ganze 15 Minuten köcheln. Mit Basilikum, Oregano und Süßstoff würzen und weitere 5 Minuten köcheln lassen.
Die Sauce über den Lachs gießen und für 20 Minuten bei 180° im Ofen backen.
Zusammen 18,1 g KH
Pro Portion 4,5 g KH

Ein Schnellgericht, das es in sich hat!

Huhn und Thunfisch 2 Portionen

4 Hühnerkeulen, ohne Haut und Knochen
1/2 Teel. Gewürzsalz nach Wahl
2 Eßl. Pflanzen-Diät-Margarine
4 gehäufte Eßl. Thunfisch, zerflockt
4 Eßl. trockener Weißwein
1/2 Teel. getrockneter Estragon
8 dünne Scheiben magerer Mozzarellakäse

Die Hühnerkeulen waschen, trocken tupfen und salzen.
Die Margarine in einer Pfanne zergehen lassen und darin das Hühnerfleisch ringsherum braun braten. In die Grillpfanne legen und eine Mischung aus Thunfisch, Weißwein und Estragon mit einem Löffel darübergeben. Zum Abschluß legen Sie den Käse darauf und schieben es unter den Grill, bis der Käse schmilzt.
Zusammen 7,0 g KH
Pro Portion 3,5 g KH

Backhähnchen 6 Portionen

1 Brathähnchen (1350g)
1 Teel. Gewürzsalz
1/4 Teel. Tabascosauce
1/2 Teel. Paprika
2 Eßl. Zitronensaft
2 Eßl. Safloröl
1 Teel. getrockneter Estragon

Den Backofen auf 180° vorheizen.
Das Hähnchen waschen und abtrocknen, in eine Backform legen und es mit einer Marinade aus Salz, Tabascosauce, Paprika, Zitronensaft, Öl und Estragon übergießen. Lassen Sie es dann für 2 Stunden im Eisschrank ziehen.
Aus dem Eisschrank nehmen, warten, bis das Hähnchen Zimmertemperatur hat und es dann 1 Stunde bei 180° im Ofen backen, dabei einmal umdrehen und alle 10 Minuten übergießen.
Zusammen 2,2 g KH
Pro Portion 0,4 g KH

Sehr knusprig und sehr wohlschmeckend!

Hühner-Creole 4 Portionen

1 Brathähnchen (1125 g), in Teile zerlegt und enthäutet
2 Eßl. Zitronensaft
1/2 Teel. Pfeffer
1/2 Teel. Gewürzsalz
2 Eßl. Sojamehl, entfettet
3 Eßl. Pflanzen-Diät-Margarine
1 große Zwiebel, in Ringe geschnitten
1 Tasse Hühnerbrühe
1 große, geachtelte Tomate

Das Huhn waschen und abtrocknen und dann in einer Mischung aus dem Zitronensaft, Pfeffer, Salz und Sojamehl panieren. Die Margarine in einem großen Schmortopf zergehen lassen und darin die Zwiebeln und das Hähnchen braten, bis es von allen Seiten braun ist. Dann geben Sie die Brühe und die Tomaten dazu. Zugedeckt auf kleiner Flamme unter wiederholtem Umrühren 1 Stunde köcheln lassen.
Zusammen 31,2 g KH
Pro Portion 8,0 g KH

Gebackene Tomate 1 Portion

1 kleine Tomate
1/2 Eßl. Pflanzen-Diät-Margarine
Zwiebelsalz nach Geschmack

Den Ofen auf 180° vorheizen.
Die Tomate oben einschneiden und in den Spalt die Margarine geben. Mit Zwiebelsalz bestreuen. In einem kleinen feuerfesten Förmchen, dessen Boden mit Wasser bedeckt ist, für 15 Minuten im Ofen backen.
Zusammen 6,0 g KH

Quiche mit grünen Bohnen 8 Portionen

3 Eßl. Mais- oder Safloröl
1/2 Tasse gehackte Zwiebeln
1/2 Tasse Champignons
450 g Rinderhack
450 g frische grüne Bohnen, gekocht und abgetropft
1 1/2 Teel. Salz
1/2 Teel. Pfeffer
1/2 Teel. Muskatnuß
1 1/2 Tassen Eipulver
1 Eßl. Zitronensaft
Süßstoff entsprechend 1/8 Teel. Zucker

Den Ofen auf 160° vorheizen.
In einer Pfanne das Öl erhitzen. Darin die Zwiebeln 3 Minuten schwenken. Dann die Champignons hinzutun und leicht anbräunen. Jetzt geben Sie das zu einem Kloß geformte Fleisch in die Pfanne, lassen den Kloß langsam auseinanderbrechen und das Fleisch anbräunen. Grüne Bohnen, Salz, Pfeffer und Muskatnuß unterrühren und 10 Minuten abkühlen lassen.
In einer Schüssel das Eipulver mit dem Zitronensaft und Süßstoff verrühren und unter das Fleisch mischen.
Füllen Sie diese Mischung nun in eine mit Öl ausgepinselte Auflaufform. Bei 160° für 45 Minuten im Ofen backen.
Zusammen 43,9 g KH
Pro Portion 5,5 g KH

Kann heiß und kalt gegessen werden.

Salat von Bratenresten 6 Portionen

2 Tassen kleingeschnittene Kalbsbraten-Reste
1 1/2 Tassen gewürfelter Sellerie
4 Eßl. gehackte Schalotten
1 1/2 Teel. getrockneter Estragon
3/4 Tasse feingeschnitzelte grüne Paprika
3/4 Tasse in Scheibchen geschnittene, frische Champignons
1 Tasse Mayonnaise (mit Safloröl angemacht)
Salatblätter

Die 7 ersten Zutaten gut miteinander vermischen und auf Salatblättern anrichten.
Zusammen 28,5 g KH
Pro Portion 4,7 g KH

Schmeckt bis zum letzten Bissen!

Thunfisch und Eier 2 Portionen

1 200-g-Dose Thunfisch
1 Tasse Eipulver, angerührt
1 Prise Knoblauchsalz
1 Teel. gehackte Petersilie
3 kleingeschnittene Anchovis-Filets
Salz und Pfeffer nach Geschmack
2 Eßl. Öl

Den Thunfisch zerpflücken, in eine Schüssel geben und gründlich mit dem Eipulver, Knoblauchsalz, der Petersilie, den Anchovis-Filets und Salz und Pfeffer vermischen. Das Öl in einer Pfanne erhitzen und darin die Thunfisch-Ei-Mischung wie einen Pfannkuchen auf kleiner Flamme zugedeckt etwa 10 Minuten braten. Dann wenden und von der anderen Seite einige Minuten leicht anbräunen.

Wenn Sie Schwierigkeiten haben, den ganzen Pfannkuchen auf einmal zu wenden, schneiden Sie ihn durch und wenden die beiden Hälften einzeln.
Zusammen 3,6 g KH
Pro Portion 1,8 g KH

Italienisches Schnellgericht 3 Portionen

2 Eßl. Safloröl
2 kleingeschnittene Selleriestangen
1 Zucchini, in kleine Würfel geschnitten
1 kleine zerdrückte Knoblauchzehe
1 enthäutete, kleingeschnittene Tomate
1 Teel. Basilikum
1 Tasse Eipulver, angerührt
2 Eßl. geriebener Parmesankäse
Salz und Pfeffer nach Geschmack

Das Öl in einer Pfanne erhitzen und darin die Sellerie- und Zucchiniwürfel gut durchbraten. In den letzten 2 Minuten den Knoblauch dazutun. Dann die Tomate in die Pfanne geben und zehn Minuten köcheln lassen. Mit Basilikum würzen und weitere 5 Minuten köcheln lassen.
Das Eipulver mit Parmesan, Salz und Pfeffer verrühren und diese Mischung auf das Gemüse in die Pfanne geben. Zugedeckt etwa 10 Minuten auf kleiner Flamme stehen lassen. Dann umdrehen und für einige Minuten von der anderen Seite bräunen.
Zusammen 22,1 g KH
Pro Portion 7,4 g KH

Eine Frage der Zeiteinteilung.

Tomaten und Thunfisch in Aspik 2 Portionen

1 Teel. gemahlene Gelatine
1/2 Tasse kaltes Wasser
1/2 Tasse Tomatensaft
1/2 Teel. Worcestershire-Sauce
2 Eßl. Estragon-Essig
1 Prise Paprika
1/4 Teel. Gewürzsalz
1 Teel. Zwiebelsaft
1 Teel. Zitronensaft
1/2 Tasse Thunfisch, abgetropft und zerpflückt
1 Eßl. gewürfelter Sellerie
1 Eßl. kleingehackte grüne Paprikaschote
2 Salatblätter

Die Gelatine in das kalte Wasser streuen und 10 Minuten quellen lassen. Die Tomatensauce kurz aufkochen und in die Gelatine gießen. Rühren Sie dann Worcestershire-Sauce, Essig, Paprika, Salz, Zwiebelsaft und Zitronensaft unter die Tomaten-Gelatine. Kühl stellen, bis sie die Konsistenz von Eiweiß hat. Jetzt geben Sie den Thunfisch, Sellerie und die Paprikaschoten dazu, füllen die Mischung in eine Sturzform und lassen sie im Eisschrank fest werden. Auf Salatblättern anrichten.
Zusammen 10,2 g KH
Pro Portion 5,1 g KH

Hütten Cäsar 4 Portionen

1 Rezept Dressing nach Art des Hauses, mit Safloröl angemacht (s. Register)
1 kleiner Kopf Salat, gewaschen und getrocknet
1/2 Tasse geraspelte Sellerie
1/2 Tasse gehobelte Gurken
1 Tasse knusprig gebratene, zerkleinerte Schweineschwarte
450 g (2 Tassen) Hüttenkäse

Den Salat in mundgerechte Stücke rupfen und zusammen mit Sellerie, Gurke und den zerbröselten Schweineschwarten in eine große Salatschüssel füllen. Die Salatsauce darüber gießen und gründlich mischen.
Auf 4 Salatschüsselchen verteilen und einen gehäuften Eßlöffel Hüttenkäse darüber geben.
Zusammen 34,2 g KH
Pro Portion 8,5 g KH

Cäsar hatte es nie so gut!

Paprika-Champignon-Pfanne 8 Portionen

3 Eßl. Mais- oder Safloröl
1/2 Tasse in feine Ringe geschnittene Zwiebeln
1 zerdrückte Knoblauchzehe
450 g grüne Paprika, geschnetzelt
225 g Champignons, in Scheibchen geschnitten
3 Eßl. Tomatensauce
1/2 Teel. Oregano
1 Teel. Salz
1 Prise Pfeffer

In einer großen Pfanne oder in einem Schmortopf das Öl erhitzen und darin die Zwiebeln 5 Minuten anbraten. Knoblauch und Paprika dazugeben und unter ständigem Umrühren weitere 10 Minuten anbraten. Die Champignons beigeben und nochmals 10 Minuten schmoren lassen. Wenn die Champignons leicht gebräunt sind, gießen Sie die Tomatensauce in die Pfanne und würzen mit Oregano, Salz und Pfeffer. Auf kleiner Flamme unter wiederholtem Umrühren ungefähr 5 Minuten köcheln lassen.
Zusammen 49,7 g KH
Pro Portion 6,3 g KH

Besonders gut als Omelett-Füllung oder zu Frikadellen!

Isländischer Hüttenkäse 2 Portionen

225 g Hüttenkäse (1 Tasse) oder Quark
1/2 Tasse Erdbeeren, in Scheibchen geschnitten
1/4 Teel. Pfefferminzblätter
Süßstoff nach Geschmack
2 Eßl. ungesüßte Kokosflocken

Den Hüttenkäse mit den Erdbeeren, Pfefferminzblättern und Süßstoff verrühren und dann mit Kokosflocken überstreuen.
Zusammen 14,2 g KH
Pro Portion 7,0 g KH

Mal was anderes!

Blaubeerschaum 6 Portionen

1 Tasse frische oder tiefgefrorene Blaubeeren (ungesüßt)
Süßstoff entsprechend 4 Teel. Zucker
2 Eiweiß
1/8 Teel. Salz

Die Blaubeeren leicht zerdrücken und mit Süßstoff entsprechend 1 Teel. Zucker süßen. Dann schlagen Sie die Eiweiß mit Salz und dem restlichen Süßstoff zu Schnee. Der Eischnee sollte jedoch nicht allzu steif sein. Ziehen Sie nun die Blaubeeren vorsichtig unter den Eischnee, und füllen Sie die Speise in Kompottschälchen.
Sollte sofort gegessen werden.
Zusammen 36,8 g KH
Pro Portion 6,1 g KH

Ist blitzschnell gemacht!

Hüttenkäse mit Obst 2 Portionen

2 gehäufte Eßl. Hüttenkäse (1/2 Tasse)
1/2 Tasse Honigmelone (kleine Würfel oder Bällchen)
1/4 Tasse Himbeeren
4 Eßl. Mohn-Dessert-Dressing, mit Safloröl angemacht (s. Register)

Geben Sie jeweils einen gehäuften Eßl. Hüttenkäse in ein kleines Schälchen, darüber die Melone und die Himbeeren, und gießen Sie dann das Dressing darüber.
Zusammen 14,5 g KH
Pro Portion 7,3 g KH

Ein kühles und erfrischendes Dessert!

Kaffeeschaum 6 Portionen

2 Päckchen weiße Gelatine
2 Tassen starker, heißer Kaffee
Süßstoff entsprechend 8 Teel. braunem Zucker
3 Eiweiß (Zimmertemperatur)

Gelatine in etwas kaltem Wasser einweichen (ca. 2 Minuten), herausnehmen und mit dem Kaffee und Süßstoff entsprechend 6 Teel. Zucker in den Mixer geben. Bei niedriger Geschwindigkeitsstufe so lange laufen lassen, bis sich die Gelatine aufgelöst hat. In eine Schüssel gießen und in den Eisschrank stellen, bis die Flüssigkeit zu erstarren beginnt.
Die Eiweiß mit dem restlichen Süßstoff steif schlagen und die Kaffeemischung vorsichtig unter den Eischnee ziehen. In den Eisschrank stellen und gut gekühlt servieren.
Zusammen 3,2 g KH
Pro Portion 0,5 g KH

Etwas für Anfänger!

Cantaloupe-Melone mit Wein 8 Portionen

2 kleine Cantaloupe-Melonen
1 Päckchen Zitronen-Götterspeise (zuckerfrei)
1 Tasse kochendes Wasser
Süßstoff entsprechend 2 Teel. Zucker
1 Tasse kalter trockener Weißwein

Die Melonen halbieren, von den Kernen befreien und in den Eisschrank legen.
Die Götterspeise in das kochend heiße Wasser einrühren und auflösen. Vom Ofen nehmen und mit dem Süßstoff und dem kalten Wein verrühren. Im Eisschrank zu einem dicklichen Sirup erstarren lassen.
Diesen Sirup löffeln Sie nun in die Melonenhälften und stellen diese wieder in den Eisschrank, bis die Masse völlig erstarrt ist.
Die Melonenhälften vierteln und anrichten.
Zusammen 47,8 g KH
Pro Portion 6,0 g KH

Nichts Alltägliches, aber köstlich!

Glasierte Erdbeeren 6 Portionen

2 Eßl. Diät-Himbeer-Sirup (zuckerfrei)
2 Eßl. Kirschwasser
2 Tassen ganze Erdbeeren

Den Sirup mit dem Kirschwasser erhitzen (allerdings nicht aufkochen lassen). Über die Erdbeeren gießen, umschütteln und servieren.
Zusammen 39,0 g KH
Pro Portion 6,5 g KH

Etwas ganz Besonderes ohne besonderen Aufwand!

Erdbeer-Ambrosia 6 Portionen

1/2 Tasse ungesüßte Kokosflocken
1 Eßl. Cointreau
450 g Erdbeeren, gewaschen und halbiert
Süßstoff entsprechend 2 Teel. Zucker

Die Kokosflocken in eine Schale geben, mit dem Cointreau beträufeln und gut umrühren. Dann legen Sie die mit dem Süßstoff gesüßten Erdbeeren in Kompottschüsselchen und streuen die Kokosflocken darüber.
Zusammen 34,5 g KH
Pro Portion 5,8 g KH

Rot, weiß und ein Genuß!

Baiserplätzchen Ergibt 10 Stück

2 Eiweiß
1/4 Teel. Gewürzsalz
1/4 Tasse Pecan- oder Walnüsse, im Mixer zerkleinert

Den Backofen auf 125° vorheizen.
Die Eiweiß mit Salz sehr steif schlagen und dann vorsichtig die Nüsse darunterziehen. Der Eischnee darf nicht zusammenfallen. Geben Sie nun den Eischnee eßlöffelweise auf ein gefettetes Backblech. 1 Stunde bei 125° backen, dann den Ofen ausstellen und die Plätzchen noch gut 1/2 Stunde ruhen lassen.

Zusammen 4,0 g KH
Pro Stück 0,4 g KH

Ersetzt alle anderen Knabbereien!

Baisertorte Ergibt 10 Portionen
mit Erdbeeren und Zitrone

4 Tassen ganze Erdbeeren (das ergibt ungefähr 2 Tassen püriert)
3 Eigelb
1 Tasse kochendes Wasser
1 Päckchen Diät-Erdbeer-Götterspeise
1 Teel. ungesüßter Erdbeersirup
1 Teel. geriebene Zitronenschale (ungespritzt)
7 Eiweiß, steif geschlagen
Süßstoff entsprechend 2 Eßl. Zucker
1 Baiserschälchen (s. Register) (auf Wunsch)

Den Backofen auf 225° vorheizen.
Die Erdbeeren mit den Eigelb in einem Mixer pürieren.
Die Götterspeise im kochend heißen Wasser unter ständigem Umrühren auflösen. Dann die pürierten Erdbeeren, die Zitronenschale und den Erdbeersirup einrühren. Vom Herd nehmen und abkühlen lassen.
Schlagen Sie nun die Eiweiß mit dem Süßstoff steif. Die Hälfte von dem Eischnee ziehen Sie unter die Erdbeermischung. Dann füllen Sie diese Masse in eine runde Kuchenform. Den restlichen Eischnee streichen Sie sorgfältig über die Erdbeeren, so daß die Erdbeeren völlig bedeckt sind.
Achten Sie darauf, daß Sie auch den Rand mit Eischnee bedekken. Bei 225° 7 bis 10 Minuten im Ofen backen, bis der Eischnee leicht gebräunt ist. Abkühlen lassen und dann mindestens für 2 Stunden in den Eisschrank stellen.
(Wenn Sie gern satte Farben mögen, geben Sie an die pürierten Erdbeeren ein paar Tropfen rote Lebensmittelfarbe.)
Zusammen 45,0 g KH
Pro Portion 4,5 g KH

Einfach köstlich!

Baiser-Schälchen Ergibt 6 Stück

4 Eiweiß
1 Prise Salz
4 Teel. Crème de Cacao

Den Ofen auf 125° vorheizen.
Das Eiweiß mit dem Salz schaumig schlagen. Nach und nach Crème de Cacao hinzugeben und weiterschlagen, bis der Eischnee steif und glänzend ist und kleine steife Spitzen bildet.
Den Eischnee in 6 kleine, runde, ausgefettete Backförmchen geben und die Oberfläche mit der Rückseite eines Löffels etwas aushöhlen. Bei 125° 1 Stunde im Ofen backen und dann langsam abkühlen lassen.

Einige Tips, wie Sie den Eischnee für Baiser am besten schlagen:
Die in dem Rezept angegebenen Mengen können Sie nach Belieben ändern, dabei sollten Sie immer 1 Teel. Crème de Cacao auf 1 Eiweiß rechnen. Eier lassen sich besser schlagen, wenn sie Zimmertemperatur haben. Eiweiß und Eigelb lassen sich jedoch leichter trennen, wenn die Eier kalt sind. Der Trick besteht darin, daß man die Eier trennt, wenn man sie aus dem Eisschrank nimmt, und dann solange stehen läßt, bis sie Zimmertemperatur haben.
Sie schlagen die Eier am besten mit einem elektrischen Rührgerät; ein Handrührgerät tut es zur Not aber auch.

Zusammen	16,0 g KH
Pro Stück	3,0 g KH

Gewußt wie ist alles!

Register

Antipasto 38
Appetit 13
Appetithappen und Imbisse
  Antipasto 38
  Cheddar Oliven 49
  Cottage-Cheese-Dip 41
  Cottage-Cheese-Scheiben 43
  Fleischbällchen in Dillsauce 37
  Garnelen-Appetizer 45
  Garnelen-Spießchen 44
  Garnelen u. Pilz-Appetizer 45
  Gebeizte Meeresfrüchte 46
  Gebutterte Radieschen 51
  Gefüllte Champignons 52
  Gefülltes Ei auf Griechisch 48
  Geröstete Mandeln 53
  Gewürzte schwarze Oliven 49
  Gurken in saurer Sahne 40
  Hackfleisch-Bällchen 35
  Himmlische Flügel 39
  Käsebällchen 40
  Köstlicher Käse 42
  Krebsfleisch-Bällchen für eine größere Gesellschaft 47
  Mexikanische Mandeln 53
  Muschelfleisch in saurer Sahne 44
  Nuß-Cocktail-Bällchen 36
  Pastete in Aspik 50
  Pikante Pilz-Appetizer 249
  Rhabarber-Vorspeise 52
  Salami in Parmesan gebacken 43
  Schinkeneier-Bällchen 48
  Schwedische Fleischbällchen 35
  Schwizer-Snack 42
  Spaß mit Fenchel 41
  Süßer Käse-Snack 38
  Teufels-Lachs mit Eiern 50
Aspik
  Pastete in 50
  Tomaten u. Thunfisch in 261
Auberginen »Kleiner Schuh« 168
Auberginen, Marinierte 197
Auberginen mit Käsefüllung 168
Auberginen-Omelett 249
Auberginen zum Sattessen 167
Auflauf
  Quark- 238
  Schinken- 83
Avocado
  Creme-Sauce 179
  Cremesuppe Barbara 61
  Dressing 213

Kalbfleisch u. 88
mit Krabbenfüllung 200
Salat mit Krabben 200
Salat mit Spinat 198, 212
Avocadocreme-Sauce 179
Avocado-Cremesuppe Barbara 61
Avocado Dressing 213
Avocado mit Krabbenfüllung 200
Avocadosalat mit Krabben 200
Avocadosalat mit Spinat 198, 212

Backhähnchen 256
Backhuhn mit Zitrone 121
Baiser mit Schokolade u. Pfefferminz 217
Baiserplätzchen 266
Baiser-Schälchen 217
Zubereitung 268
Baisertorte mit Erdbeeren u. Zitrone 267
Beefsteakhack (s. a. Schweinehack)
Auberginen »Kleiner Schuh« 168
Chili 114
Fleischbällchen in Dillsauce 37
Fleischklößchen in Tomatensauce 112
Fromage Burgers o. a. Käsebouletten 113
Hackbraten 110
Hackbraten mit Füllung 110
Hackbraten mit Pilzen 111
Hackfleisch-Bällchen 35
Kohlrouladen mit Fleischfüllung 103
Köstliche Pfannkuchen 76
Moussaka 97
Nuß-Cocktail-Bällchen 36
Pizza Burger o. a. Italo Hamburger 113
Schwedische Fleischbällchen 35
Beilagen s. Pastas oder Beilagen
Blaubeereis 226
Blaubeeren mit saurer Sahne o. mit Schlagsahne 230
Blaubeer-Himbeer-Marmelade 228
Blaubeer-Marmelade 79
Blaubeerschaum 263
Blumenkohl
Falsche Kartoffelklöße 164
Blumenkohl in Butter 157
Blumenkohl in Käsesauce 157
Blumenkohl mit scharfer Sauce 158
Blumenkohl nach italienischer Art 158
Blutzucker (Hypoglykämie) 18
niedriger 16, 17
Blutzucker-
gehalt 11
spiegel 16, 17
Boeuf Stroganoff 99
Bohnen
Brechbohnen Amandine 162
Grüne, mit Oregano 163
Quiche mit grünen 258
Salat 205
Bohnensalat 205
Bouillon »Ermunterung« 57
Brechbohnen Amandine 162

Cannelloni mit Huhn 122
Cantaloupe-Melone mit Wein 265
Cappuccino 243
Champignonsalat 196
Cheddar Oliven 49
Chili 114
Chocolate Rum Charlotte 223
Cholesterin 24 ff.
Spiegel 24, 26, 27
Cocktail-Sauce 180
Coq au Vin 123
Cottage Cheese-Dip 41
Cottage Cheese-Scheiben 43
Cremige Pilzsuppe 58
Curry-Kümmel-Sauce 184
Currysauce 141

Desserts
Baiser mit Schokolade u. Pfefferminz 217
Baiserplätzchen 266
Baiser-Schälchen 268
Baisertorte mit Erdbeeren u. Zitrone 267
Blaubeereis 226
Blaubeeren mit saurer Sahne o. mit Schlagsahne 230
Blaubeer-Himbeer-Marmelade 228
Blaubeerschaum 263
Cantaloupe-Melone mit Wein 265
Chocolate Rum Charlotte 223
Erdbeer Ambrosia 266
Erdbeereis 227
Erdbeeren Parfait 231
Erdbeer-Rhabarber-Marmelade 229
Erdbeertorte 218
Erdnußbutter-Plätzchen 234
Erdnußbutter-Träume 236
Falsche Schok-Mok-Creme 239
Frittierte Dessertbällchen 224
Frittierte Melone mit Camembert 238
Geschichtete Mokkacremetorte 219
Glasierte Erdbeeren 265
Käsepudding 234
Kaffeeschaum 264
Kokosberger 235
Kokosberger Bernier 235
Kokosnuß Cremespeise 220
Kokosnuß-Schneeflocken 225
Kürbiscreme-Pudding 233
Nußeis 226
Quarkauflauf 238
Schokoladencreme Debbi 232
Schokoladen-Fudge 236
Schokoladen-Mandeln 237
Süße Crêpes 221
Vanilleeis 225, 228, 230, 244
Zabaglione 222
Zitronen Mousse 230
Diabetes 11
Diät
(**s. a.** Gewicht) 8, 9, 10, 11, 12, 13, 14, 15, 17, 18, 19, 20, 23, 24, 25, 26, 28, 29, 30
Definition v. 8
kalorieneinschränkende 8, 11, 18, 20, 21
ketogene 15, 16, 27
kohlehydratlose 14, 19
Kontraindikationen 28
Null- 21

u. Schwangerschaft 25
Diätforschung 16
Diät-Revolution 8, 10, 13, 14, 18, 19, 20, 21, 23, 24, 27, 30
Dillsauce 37
Dolma 103
Dr. Atkins Diät Revolution 8, 13
Dressing
Avocado- 213
French-, Grundrezept 209
Mohn Dessert- 186
nach Art des Hauses 212
Tausend Inseln- 213
Tomaten- 128, 204
Unser liebstes Roquefort- 209
Dressing nach Art des Hauses 212

Eier
Ei Foo Yung 76
Eiersalat mit Speck 195
Florentiner 74
Gefülltes Ei auf Griechisch 48
Japanische Eiercremesuppe 64
Käse Pfannkuchen 79
Käse Soufflé 74
Köstliche Pfannkuchen 76
Krabben-Curry mit 145
Omelett
Auberginen- 249
französisches 69
Hüttenkäse- 251
Käse- 71
Krabbenfleisch-Pilz- 73
mit Pfiff 72
Schaum- 70
mit Marmelade 70, 229
Spanisches 251
Speck u. Zwiebel- 71
Zubereitung v. 69
Paprika 251
Pastete in Aspik 50
Pilze, Zwiebeln u. 77
Römische Eierspeise 254
Rührei in Käsesauce mit Würstchen 78
Schinken-Auflauf 83
Schinken-Ei-Frikadellen 83
Schinkeneier-Bällchen 48
u. Schweizerkäse 78
u. Spargel mit Sahnesauce 165
Teufelseier mit Krabben 191
Teufels-Lachs mit 50
Thunfisch u. 259
Ei Foo Yung 76
Eiersalat mit Speck 195
Eier u. Schweizerkäse 78
Eier u. Spargel mit Sahnesauce 165
Eingelegte Radieschen 198
Eingewickelter Hühnersalat 193
Ein nicht alltäglicher gemischter Salat 205
Eintopfgerichte
Ländlicher Eintopf 92
Ungarischer Kalbstopf 91
Eiscreme
Blaubeereis 226
Erdbeereis 227, 231
Nußeis 226
Vanilleeis 228, 231
Enchiladas 152
Erdbeer(-en)
Ambrosia 266
Baisertorte mit 267
Eiscreme 227, 230
Glasierte 265

Parfait 231
Rhabarber-Marmelade 229
Sauce 187, 230
Torte 218
Zabaglione 222
Erdbeer-Ambrosia 266
Erdbeereis 227
Erdbeer Parfait 231
Erdbeer-Rhabarber-Marmelade 229
Erdbeersauce 187, 227
Erdbeertorte 218
Erdnußbutter-Plätzchen 234
Erdnußbutter-Träume 236
Eßlust, anormale 13

Falsche Kartoffelklöße 164
Falsche Makkaroni mit Käse 151
Falsche Schok-Mok-Creme 239
Falscher Kartoffelsalat 203
Fenchel-Seezunge 139
Fett (Plasma Lipoide) 15–16, 25, 27
tierisches 26
Fettarme Rezepte
Auberginen-Omelett 249
Backhähnchen 256
Baiserplätzchen 266
Baiser-Schälchen 268
Baisertorte mit Erdbeeren u. Zitrone 267
Blaubeerschaum 263
Cantaloupe-Melone mit Wein 265
Erdbeer Ambrosia 266
Gebackene Tomaten 257
Glasierte Erdbeeren 265
Hühner-Creole 257
Hütten Cäsar 261
Hüttenkäse mit Obst 264
Hüttenkäse-Omelett 251
Isländischer Hüttenkäse 263
Huhn u. Thunfisch 255
Italienisches Schnellgericht 260
Kaffeeschaum 264
Kalbfleisch in Thunfischsauce 252
Lachs à la Napolitana 255
Lamm Frikadellen in Tomatensauce 253
Paprika-Champignon-Pfanne 262
Paprika-Eier 250
Pikante Pilz-Appetizer 249
Quiche mit grünen Bohnen 258
Römische Eierspeise 254
Salat von Bratenresten 259
Spanisches Omelett 251
Super Steak 252
Tomaten u. Thunfisch in Aspik 261
Thunfisch u. Eier 259
Fettsäure
gesättigte 25
ungesättigte 14
Fettverbrennung 14
Fischbrot 143
Fische und Schalentiere
Avocado mit Krabbenfüllung 200
Avocadosalat mit Krabben 200
Fenchel-Seezunge 139
Fisch in Weinsauce 135
Fisch mit Mandelsplittern 142

Fisch Oriental 142
Forelle in Tomatensauce 135
Garnelen-Appetizer 45
Garnelen-Spießchen 44
Garnelen u. Pilz-Appetizer 45
Gebackenes Fischbrot 143
Gebeizte Meeresfrüchte 46
Gefüllter Fisch 140
Gegrillte Hummerschwänze mit Estragon 144
Gegrillter frischer Lachs 138
Heilbutt mit Currysauce 141
Hering in Tomatensauce 136
Honigmelone mit Meeresfrüchten 207
Krabben-Curry mit Eiern 145
Krabben in Wein 145
Lachs à la Napolitana 255
Lachs Mousse mit Dill 136
Muschelfleisch in saurer Sahne 44
Pikanter Lachs 137
Teufelseier mit Krabben 191
Traumhafte Flunder 139
Fisch in Weinsauce 135
Fisch mit Mandelsplittern 142
Fisch Oriental 142
Fleisch
Boeuf Stroganoff 99
Chili 114
Fleischbällchen in Dillsauce 37
Fleischklößchen in Tomatensauce 112
Fromage Burgers o. a. Käsebouletten 113
Gebratene Lammkeule 94
Gefülltes Steak 106
Griechisches gefülltes Lamm 95
Hackbraten 110
Hackbraten mit Füllung 110
Hackbraten mit Pilzen 111
Herzhafte Spareribs 105
Italienisches Steak 100
Käsesteak 98
Kalbfleisch u. Avocado 88
Kalbfleisch in Thunfischsauce 252
Kalbsbraten 87
Kohlrouladen mit Fleischfüllung 103
Ländlicher Eintopf 92
Lamm Frikadellen in Tomatensauce 253
Lamm, geliebtes Lamm 94
Lamm mit Zucchini 96
Mahlzeit aus Schweinskotelett 86
Marinierte Rinderspießchen (Kebabs) 101
Meisterliche Kalbs-Scaloppine 89
Moussaka 97
Opulentes Lamm 93
Orientalische Spareribs 107
Paniertes Kalbsschnitzei in Weinsauce 87
Pikanter Rindfleischsalat 109
Pizza Burgers o. a. Italo Hamburger 113
Rindfleisch u. Kohl 108
Salat von Bratenresten 259
Scaloppine à la Guido 90
Schinken-Auflauf 83
Schinken-Ei-Frikadellen 83
Schinkenfüllung 85
Schinken-Spargel-Röllchen in Sauce 84

Schweinebraten 92
Steak Pizzaiola 102
Süditalienischer Schmortopf 104
Suppenfleisch in üppiger Rinderbrühe 108
Ungarische Schinken-Pfannkuchen 85
Ungarischer Kalbstopf 91
Fleischbällchen in Dillsauce 37
Fleischklößchen in Tomatensauce 112
Florentiner Eier 74
Florentinisches Huhn 126
Flunder (**s. a.** Fisch)
Fisch Oriental 142
Traumhafte 139
Forelle in Tomatensauce 135
French Dressing, Grundrezept 209
Frikadellen
Käsebouletten 113
Lamm-Frikadellen in Tomatensauce 253
Schinken-Ei- 83
Frittierte Dessertbällchen 224
Frittierte Melone mit Camembert 238
Fromage Burgers o. a. Käsebouletten 113
Fruchtiger Hüttenkäse-Salat 202
Füllungen
Krabbenfüllung 200
Mandelfüllung 131
Schinkenfüllung 85

Gare, Fran 12, 22
Garnelen-Appetizer 45
Garnelen-Spießchen 44
Garnelen u. Pilz-Appetizer 45
Gazpacho 61
Gebackene Tomaten 257
Gebackener Spinat 159
Gebackenes Fischbrot 143
Gebeizte Meeresfrüchte 46
Gebratene Lammkeule 94
Gebutterte Radieschen 51
Geflügel
Backhähnchen 120
Backhuhn mit Zitrone 121
Cannelloni mit Huhn 122
Coq au Vin 123
Eingewickelter Hühnersalat 193
Florentinisches Huhn 126
Himmlische Flügel 39
Hühner-Creole 257
Hühnerkroketten 128
Huhn Cacciatora 118
Huhn in Sauce 117
Huhn mit Chesterkäse 119
Huhn mit Mandeln 124
Huhn u. Schinken-Rollen 194
Huhn u. Thunfisch 255
Österreichisches Paprikahuhn 127
Puter à la King 129
Reste-Curry 117
Sommerliches Huhn aus Spanien 125
Teriyaka Brathühnchen 121
Tips für Puterbraten 130
Traumhaftes Backhuhn 120
Gefrorene Meerrettichcreme 178
Gefüllte Champignons 52
Gefüllte Zucchini 161

Gefüllter Fisch 140
Gefülltes Ei auf Griechisch 48
Gefülltes Steak 106
Gegrillte Hummerschwänze mit Estragon 144
Gegrillter frischer Lachs 138
Gemüse
Auberginen »Kleiner Schuh« 168
Auberginen mit Käsefüllung 168
Auberginen zum Sattessen 167
Blumenkohl in Butter 157
Blumenkohl in Käsesauce 157
Blumenkohl mit scharfer Sauce 158
Blumenkohl nach italienischer Art 158
Brechbohnen Amandine 162
Eier u. Spargel mit Sahnesauce 165
Falsche Kartoffelklöße 164
Gebackener Spinat 159
Gefüllte Zucchini 161
Grüne Bohnen in Oregano 163
Grüne Gurken köstlich serviert 170
Petersilienzwiebeln 166
Pikante Zucchini 160
Pilzpfannkuchen 172
Ratatouille 172
Spargel mit Parmesan 165
Verrückter Kohl 171
Zucchini mit Sahnesauce gefüllt 162
Geröstete Mandeln 53
Geschichtete Mokkacremetorte 219
Gesundheit 7, 9, 19, 23, 24, 27
Getränke
Cappuccino 243
Ice Cream Soda 244
Heiße Schokolade 243
Himbeer-Shake 244
Orangen-Cooler 245
Schneller Eiskaffee 243
Würzcocktail 244
Zitronen-Shake 246
Gewicht (**s. a.** Diät, Übergewicht) 7, 29f.
Ideal- 23f., 28
Normal- 31
Gewichts-
abnahme 9, 18–21, 28, 29, 30
kontrolle 9, 23
stabilisierung 29–30
Gewürzte schwarze Oliven 49
Glasierte Erdbeeren 265
Glukose 15–16, 24
Gnocchi 149
Griechischer Salat 208
Griechisches gefülltes Lamm 95
Grüne Bohnen mit Oregano 163
Grüne Gurken köstlich serviert 170
Grüne Pasta-Sauce 185
Grüner Salat mit Tomaten-Dressing 204
Gurke in saurer Sahne 40
Gurkendressing 210

Hackbraten 110
Hackbraten mit Füllung 110
Hackbraten mit Pilzen 111
Hackfleisch **s.** Beefsteakhack
Hackfleisch-Bällchen 35
Heilbutt mit Currysauce 141

Heiße Schokolade 243
Hering in Tomatensauce 136
Herzhafte Spareribs 105
Herzkrankheiten 25f.
Himbeer-Shake 244
Himmlische Flügel 39
Honigmelone mit Meeresfrüchten 207
Hormone 15
Hühner-Creole 257
Hühnerkroketten 128
Hüttenkäse
  Cäsar 261
  Cottage Cheese-Dip 41
  Cottage Cheese-Scheiben 43
  in Cremesuppe 58
  Isländischer 263
  mit Obst 264
  Omelett 251
  Pfannkuchen 79
  Quarkauflauf 238
  Rhabarber-Vorspeise 52
  Salat, Fruchtiger 202
  Süße Crêpes 221
Hütten Cäsar 261
Hüttenkäse in Cremesauce 58
Hüttenkäse mit Obst 264
Hüttenkäse-Omelett 251
Huhn **s. a.** Geflügel
Huhn Cacciatora 118
Huhn in Sauce 117
Huhn mit Chesterkäse 119
Huhn mit Mandeln 124
Huhn u. Schinken-Rollen 194
Huhn und Thunfisch 255
Hungergefühl 7
  krankhaftes 13
Hungerkur 11
Hummer
  Gegrillte Hummerschwänze mit Estragon 144
  Hummersuppe 64
Hypoglykämie (**s. a.** Blutzucker) 16f.

Ice Cream Soda 244
Imbiß **s.** Appetithappen und Imbisse
Insulin 15f., 24
Insulin-
  Gleichgewicht, Störung d. 16
  Spiegel 11, 16
  Überproduktion 15
Italienische Knoblauchsuppe 62
Italienisches Schnellgericht 260
Italienisches Steak 100
Italo Hamburger 113

Japanische Eiercremesuppe 64

Käse
  Auberginen mit Käsefüllung 168
  Bällchen 40
  Bouletten 113
  Cheddar Oliven 49
  Cottage Cheese-Dip 41
  Cottage Cheese-Scheiben 43
  Eier u. Schweizerkäse 78
  Falsche Makkaroni mit 151
  Falsche Schok-Mok-Creme 239
  Frittierte Melone mit Camembert 238
  Fruchtiger Hüttenkäsesalat 202

Gnocchi 149
Hackfleisch-Bällchen 35
Hütten Cäsar 261
Hüttenkäse in Cremesuppe 58
Hüttenkäse mit Obst 264
Hüttenkäse-Omelett 251
Huhn mit Chesterkäse 119
Isländischer Hüttenkäse 263
Köstlicher 42
Manicotti 151
Omelett 71
Pastete in Aspik 50
Pfannkuchen 79
Pudding 234
Rhabarber Vorspeise 52
Roquefortpastete 201
Salami in Parmesan gebacken 43
Sauce 74, 78, 84, 157, 181
Schwizer Snack 42
Soufflé 74
Spaß mit Fenchel 41
Steak 98
Süßer Käse Snack 38
Unser liebstes Roquefort-Dressing 209
Zwiebel Pastete 72
Käsebällchen 40
Käsebouletten 113
Käse-Omelett 71
Käse-Pfannkuchen 79
Käse-Sauce 74, 78, 84, 157
Zubereitung 84, 181
Käse-Soufflé 74
Käsesteak 98
Käse-Zwiebel-Pastete 72
Kaffeeschaum 264
Kalbfleisch
Kalbsbraten 87
in Thunfischsauce 252
Meisterliche Kalbs-Scaloppine 89
Paniertes Kalbsschnitzel in Weinsauce 87
u. Avocado 88
Ungarischer Kalbstopf 91
Kalbfleisch und Avocado 88
Kalorien (**s. a.** Kohlehydrate) 7, 9–11, 13, 16, 20
Kalorienzufuhr, Einschränkung d., als Methode zum Abnehmen 11
Kebabs 101
Ketogenschwelle 19
Ketonämie 14f.
Ketonkörper 14f.
KKS (Kritische Kohlenhydrat-Schwelle) 18–20, 29f.
Köstliche Pfannkuchen 76
Köstlicher Käse 42
Kohlehydrate (**s. a.** Kalorien) 7, 10–18, 20, 22, 25f., 30
Kritische-Kohlenhydrat-Schwelle (KKS) 18–20, 29, 30
Null-Kohlehydrat-Grenze 19
Unverträglichkeit d. 9f., 14f., 18
Kohlehydrat-
Einschränkungen 28
Glykogen-Vorräte 15
Stoffwechsel 15
Kohlrouladen mit Fleischfüllung (Dolma) 103
Kokosberger 235
Kokosberger Bernier 235
Kokosnuß Cremespeise 220
Kokosnuß-Schneeflocken 225

Korpulenz (**s. a.** Übergewicht) 7, 9f., 19, 24
Krabben
Avocado mit Krabbenfüllung 199
Avocadosalat mit 200
Curry mit Eiern 145
Honigmelone mit Meeresfrüchten 207
in Wein 145
Pilz-Omelett 73
Teufelseier mit 191
Krabben-Curry mit Eiern 145
Krabbenfleisch-Pilz-Omelett 73
Krabben in Wein 145
Krautsalat nach Art des Hauses 200
Krebsfleisch-Bällchen für eine größere Gesellschaft 47
Kuchen
Baiser mit Schokolade u. Pfefferminz 217
Baiserplätzchen 266
Baiser-Schälchen 268
Baisertorte mit Erdbeeren u. Zitrone 267
Erdbeertorte 218
Geschichtete Mokkacremetorte 219
Kürbiscreme-Pudding 233

Ländlicher Eintopf 92
Lachs
à la Napolitana 255
Gebackenes Fischbrot 143
Gegrillter frischer 138
Mousse mit Dill 136
Pikanter 137
Schneller Lachssalat 192
Teufels-Lachs mit Eiern 50
Lachs à la Napolitana 255
Lachs Mousse mit Dill 136
Lamm
Frikadellen in Tomatensauce 253
Gebratene Lammkeule 94
Geliebtes 94
Griechisches gefülltes 95
mit Zucchini 96
Opulentes 93
Lamm Frikadellen in Tomatensauce 253
Lamm, geliebtes Lamm 94
Lamm mit Zucchini 96
Lebensmittel 17
kohlehydratfreie 14

Mahlzeit aus Schweinskotelett 86
Mandelfüllung 131
Mandeln
Geröstete 53
Huhn mit 124
Mandelfüllung 131
Mexikanische 53
Schokoladen- 237
Manicotti 151
Marinade
f. Huhn 125
f. Hummer 144
f. Lammkoteletts 93
f. Schmorbraten 104
f. Spareribs 107
Rindfleisch- 102
Marinierte Auberginen 197
Marinierte Rinderspießchen (Kebabs) 101

Markenprodukte, empfehlenswerte 80
Marmelade
Blaubeer 79
Blaubeer-Himbeer 228
Erdbeer-Rhabarber 229
Meisterliche Kalbs-Scaloppine 89
Melone
Cantaloupe-Melone mit Wein 265
Frittierte Melone mit Camembert 238
Honigmelone mit Meeresfrüchten 207
Mexikanische Mandeln 53
Mineralien 9, 17, 18
Mohn Dessert Dressing 186
Monica, Helen 12, 22
Mornay-Sauce 182
Moussaka 97
Muschelfleisch in saurer Sahne 44

Nacht-Hungersyndrom 13
Nudelpudding 154
Null-Kohlehydrat-Grenze 19
Nuß-Cocktail-Bällchen 36
Nußeis 226

Österreichisches Paprikahuhn 127
Omelett
Auberginen- 249
französisches 69
Hüttenkäse- 251
Käse- 71
Krabbenfleisch-Pilz- 73
mit Pfiff 72
Schaum- 70
mit Marmelade 70, 229
Spanisches 251
Speck u. Zwiebel- 71
Zubereitung 69
Omelett mit Marmelade 70, 229
Omelett mit Pfiff 72
Opulentes Lamm 93
Orangen-Cooler 245
Orientalische Spareribs 107

Paniertes Kalbsschnitzel in Weinsauce 87
Paprika-Champignon-Pfanne 262
Paprika Eier 251
Pasta 85, 150, 151, 152
Pasta-Sauce 151
Zubereitung 183
Pastas oder Beilagen
Enchiladas 152
Falsche Makkaroni mit Käse 151
Gnocchi 149
Manicotti 151
Nudelpudding 154
Pasta 85, 150, 151, 152
Pastete in Aspik 50
Pasteten
Pastete in Aspik 50
Käse-Zwiebel-Pastete
Roquefortpastete 201
Petersilienbutter-Sauce 184
Petersilienzwiebeln 166
Pfannkuchen
Käse- 79

Köstliche 76
Pasta 150
Pilz- 172
Süße Crêpes 221
Ungarische Schinken- 85
Pikante Pilz-Appetizer 249
Pikante Zucchini 160
Pikanter Lachs 137
Pikanter Rindfleischsalat 109
Pilz(-e; -en)
Champignonsalat 196
Cremige Pilzsuppe 58
Garnelen u. Pilz-Appetizer 45
Gefüllte Champignons 52
Hackbraten mit 111
Krabbenfleisch-Pilz-Omelett 73
Paprika-Champignon-Pfanne 262
Pikante Pilz-Appetizer 249
Pfannkuchen 172
Sauce 77, 182
Zwiebeln u. Eier 77
Pilze, Zwiebeln u. Eier 77
Pilzpfannkuchen 172
Pilzsauce 77
Zubereitung 182
Pizza Burgers o. a. Italo Hamburger 113
Pudding
Käse- 234
Kürbiscreme- 233
Nudel- 154
Puter **s. a.** Geflügel
Puter à la King 129
Puterbraten, Tips für 130

Quark
Gnocchi 149
Nudelpudding 154
Quarkauflauf 238
Quiche mit grünen Bohnen 258

Ratatouille 172
Reste-Curry 117
Rhabarber-Vorspeise 42
Rindfleisch
Herzhafte Spareribs 105
Marinierte Rinderspießchen 101
Pikanter Rindfleischsalat 109
Suppenfleisch in üppiger Rinderbrühe 108
u. Kohl 108
Rindfleischmarinade 102
Rindfleisch und Kohl 108
Roastbeef-Salat 195
Römische Eierspeise 254
Roquefortpastete 201
Rührei in Käsesauce mit Würstchen 78
Russisches Dressing 211

Sahnemeerrettich 108
Sahnesauce 122, 143, 162, 165
Zubereitung 177
Salami in Parmesan gebacken 43
Salat von Bratenresten 259
Salate und Salatsaucen
Avocado Dressing 213
Avocado mit Krabbenfüllung 200
Avocadosalat mit Spinat 198, 211
Bohnensalat 205
Champignonsalat 196

Dressing nach Art des Hauses 212
Eiersalat mit Speck 195
Eingelegte Radieschen 198
Ein nicht alltäglich gemischter Salat 205
Eingewickelter Hühnersalat 193
Falscher Kartoffelsalat 203
Fruchtiger Hüttenkäse-Salat 202
French Dressing, Grundrezept 209
Griechischer Salat 207
Grüner Salat mit Tomaten Dressing 204
Gurkendressing 210
Honigmelone mit Meeresfrüchten 207
Huhn- und Schinken-Rollen 194
Krautsalat nach Art des Hauses 200
Marinierte Auberginen 197
Pikanter Rindfleischsalat 109
Roastbeef-Salat 195
Russisches Dressing 211
Salat von Bratenresten 259
Sauerkrautsalat 207
Saure-Sahne-Dressing 211
Schinkensalat Donna 194
Schneller Lachssalat 192
Selleriesalat 196
Sherry Dressing 210
Spinatsalat Spezial 201
Tausend Inseln Dressing 213
Teufelseier mit Krabben 191
Thunfisch-Leckerei 191
Thunfisch-Überraschung 192
Tomaten Dressing 128, 204
Unser liebstes Roquefort Dressing 209
Vinaigrette Sahnedressing 211
Sauce für Kohlrouladen 103
Sauce Hollandaise 180
Sauce(-n) (**s. a.** Dressing, Salate und Salatsaucen)
Avocado- 179
Cocktail- 180
Curry- 141
Curry-Kümmel- 184
Erdbeer- 187
f. Kohlrouladen 103
Gefrorene Meerrettichcreme 178
Grüne Pasta- 185
Hollandaise 180
Käse- 74, 78, 157
Zubereitung 84, 181
Mornay- 182
Pasta- 151
Zubereitung 183
Petersilienbutter- 184
Pilz- 77, 182
Sahne- 122, 143, 162, 165
Zubereitung 177
Senf- 76
Zubereitung 185
Schinken-Sahne- 178
Schnelle Sahne- 128, 182
Zubereitung 177
Schokoladen- 186
Tartare 181
Wein- 87, 135
Sauce Tartare 181
Saure Sahne
Blaubeeren mit 230
Gurke in 40

Muschelfleisch in 44
Saure-Sahne-Dressing 211
Sauerkrautsalat 206
Scaloppine à la Guido 90
Schalentiere s. Fisch und Schalentiere
Schaumomelett 70
mit Marmelade 70
Schinken
Auflauf 83
Falsche Makkaroni mit Käse 151
Füllung 85
Huhn- und Schinken-Rolle 194
Reste-Curry 117
Salat Donna 194
u. Eier-Bällchen 48
u. Ei-Frikadellen 83
Ungarische Schinken-Pfannkuchen 85
u. Spargel-Röllchen in Sauce 84
Schinken-Auflauf 83
Schinkeneier-Bällchen 48
Schinken-Ei-Frikadellen 83
Schinkenfüllung 85
Schinken-Sahnesauce 178
Schinkensalat Donna 194
Schinken-Spargel-Röllchen in Sauce 84
Schnelle Sahnesauce 128, 182
Zubereitung 177
Schneller Eiskaffee 243
Schneller Lachssalat 192
Schokoladencreme Debbi 232
Schokoladen-Fudge 236
Schokoladen-Mandeln 237
Schokoladensauce 186
Scholle (**s. a.** Fisch)
Gefüllter Fisch 140
Schwangerschaft u. Diät 25
Schwedische Fleischbällchen 35
Schweinebraten 92
Schweinefleisch
Herzhafte Spareribs 105
Mahlzeit aus Schweinekotelett 86
Schweinebraten 92
Schweinehack (**s. a.** Beefsteakhack)
Enchiladas 152
Schwizer-Snack 42
Seezunge (**s. a.** Fisch)
Fenchel- 139
Fisch mit Mandelsplittern 142
Gefüllter Fisch 140
Selleriesalat 196
Senegalesische Suppe 60
Senfsauce 76
Zubereitung 185
Sherry Dressing 210
Spanisches Omelett 251
Spareribs
Herzhafte 105
Orientalische 107
Spargel
Eier u. Spargel mit Sahnesauce 165
mit Parmesan 165
Schinken-Spargel-Röllchen in Sauce 84
Spargel mit Parmesan 165
Spaß mit Fenchel 41
Speck und Zwiebel-Omelett 71
Spinat, Zubereitung v. frischem 126
Spinatsalat, Spezial 201

Sommerliches Huhn aus Spanien 125
Soufflé, Käse- 74
Statistiken, medizinische 7
Steak
Boeuf Stroganoff 99
Gefülltes 106
Italienisches 100
Käse- 98
Marinierte Rinderspießchen 101
Pizzaiola 102
Steak Pizzaiola 102
Stoffwechsel 13–15, 19
Kohlehydrat- 15
Stracciatella 63
Süditalienischer Schmortopf 104
Süße Crêpes 221
Süßer Käse-Snack 38
Super Steak 252
Suppen
Avocado-Cremesuppe Barbara 61
Bouillon »Ermunterung« 57
Cremige Pilzsuppe 58
Gazpacho 61
Hüttenkäse in Cremesuppe 58
Hummersuppe 64
Italienische Knoblauchsuppe 62
Japanische Eiercremesuppe 64
Ratatouille 172
Senegalesische Suppe 60
Suppenklößchen 57
Stracciatella 63
Zwiebelsuppe 59
Suppenfleisch in üppiger Rinderbrühe 108
Suppenklößchen 57
Tausend Inseln Dressing 213
Teriyaki Brathühnchen 121
Teufelseier mit Krabben 191
Teufels-Lachs mit Eiern 50
Thunfisch
Gebackenes Fischbrot 143
Honigmelone mit Meeresfrüchten 207
Huhn u. 255
Leckerei 191
Sauce 252
Spinatsalat Spezial 201
Tomaten u., in Aspik 261
Überraschung 192
u. Eier 259
Thunfisch-Leckerei 191
Thunfisch-Sauce 252
Thunfisch-Überraschung 192
Thunfisch und Eier 259
Tips für Puterbraten 130
Tomaten
Dressing 128, 204
Gebackene 257
u. Thunfisch in Aspik 261
Tomaten Dressing 128, 204
Tomaten und Thunfisch in Aspik 261
Torten
Erdbeertorte 218
Geschichtete Mokkacremetorte 219
Traumhafte Flunder 139
Traumhaftes Backhuhn 120
Triglycerid-Spiegel 11, 24, 26

Übergewicht 7, 10–12, 15, 25
Ungarische Schinken-Pfannkuchen 85
Ungarischer Kalbstopf 91